Silvina Díaz, Adriana Libonati

De la crisis a la resistencia creativa

El teatro en Buenos Aires entre 2000 y 2010

Ricardo Vergara Ediciones

Libonati Adriana, Díaz Silvina
 De la crisis a la resistencia creativa : el teatro en Buenos Aires entre 2000 y 2010 / Libonati Adriana ; Silvina Díaz. - 1a ed. edición para el alumno. - Ciudad Autónoma de Buenos Aires : RV Ediciones, 2015.
 160 p. ; 20 x 14 cm.

 1. Teatro Argentino. I. Díaz, Silvina II. Título
 CDD A862

Coordinación Gráfica: RV Ediciones
Te: 011-4901-2300
email: vergaralibros@yahoo.com.ar
Facebook: Ricardo Vergara Ediciones
Buenos Aires, República Argentina

Para comunicarse con las autoras
superlibonati@gmail.com
silvinadiazorban@yahoo.com.ar

Queda hecho el depósito que marca la ley 11.723
Impreso en Argentina - Printed in Argentina

Todos los derechos reservados.
® Ricardo Vergara, Ediciones
® Adriana Libonati
® Silvina Díaz

Impreso en Buenos Aires en el mes de septiembre de 2015
La Imprenta YA, Florida Pcia. de Buenios Aires

Prólogo por

Azucena Ester Joffe - María de los Ángeles Sanz

Las autoras de esta nueva investigación Adriana Libonati y Silvina Díaz nos ofrecen generosamente un estudio exhaustivo sobre el teatro y sus procedimientos en un período que abarca desde fines de la década del noventa, la crisis de 2001, hasta fines del 2010. El teatro, su campo cultural y sus relaciones, el contexto socio político que las incluye, y de alguna manera les dan sentido, son desarrollados en la intensidad de seis capítulos y una introducción, donde a través de una síntesis potente, nos permite abrirnos el camino al análisis pormenorizado de todos los elementos constituyentes del hecho teatral, desde el espacio, el lenguaje, las diferentes resignificaciones, la relación con otras disciplinas, su calidad de relato ficcional y por último una lectura que abarque el presente y el pasado que a partir de la memoria nos permita la construcción de una identidad cultural. En un campo teatral tan multifacético, con una mixtura de géneros, procedimientos, disciplinas diferentes que provienen de campos que hasta hace unos años permanecían en estancos separados sin contaminarse, sin alcanzar o sólo esporádicamente, ningún tipo de intertextualidad posible, el desarrollo de la investigación realizada para el libro es de carácter necesario para todos aquellos que se interesen por el teatro que nos atraviesa con su espesor cultural, no sólo para investigadores que ansían una forma posible en el caos creativo que nos rodea, sino para aquellos que quieran tener un mapa profundo sobre las características y calidades que el teatro en Buenos Aires desarrolló estas dos últimas décadas. El lenguaje como herramienta y como procedimiento en su función metateatral, donde como afirman las autoras:

> Si bien sus textos buscan desenmascarar la trivialidad social a partir de la superficialidad deliberada de personajes y situaciones, el interés del autor se sitúa, más que en aquello que se narra, en el modo de narrarlo. Y, puesto que no hay grandes historias para contar, el lenguaje se convierte en el verdadero protagonista y atraviesa todos los signos de la representación.

La forma, la construcción de una estructura que permita desestabilizar la mirada muchas veces convencional del espectador hacia el trabajo teatral, considerado también muchas veces como producto, dentro de un campo atravesado por la variable económica, que hace que los referentes de un teatro u otro se crucen en una relación que los ubica en el centro de un campo que, de alguna manera, ha aconfundido sus límites. Una forma, que por otra parte, tenga consistencia de relato político no ya por su contenido sino por su continente y por el espacio que rompe con lo establecido. La generación que en los noventa produjo dramaturgia, Javier Daulte, Rafael Spregelburd, Daniel Veronese, entre otros, son analizados por las autoras como una vuelta al texto aunque con una relación con la forma diferente; los mismos procedimientos sumados a otros que aparecen pero que en la suma todos van buscando una nueva funcionalidad, una ruptura del sentido tradicional.

Sus textos combinan formas modernas de la dramaturgia con un intertexto posmoderno y trabajan productivamente con intertextos provenientes de la escena mundial: Heiner Müller, Philippe Minyana, Valere Novarina, el poeta Raymond Carver y el teatro del absurdo. Al distanciarse del realismo moderno sus piezas se apartan del verosímil psicológico realista. En este sentido, los tres autores mencionados coinciden en la concepción de la obra teatral como simulacro, a partir de la presentación de textos fragmentarios, inconclusos, intertextuales -con géneros artísticos, discursos sociales y políticos- y confluyen en el desenmascaramiento del carácter auto referencial.

Tras el recorrido por sus textualidades, el autor paradigmático en la búsqueda de una nueva manera de concretar la escritura, del juego con el lenguaje, es Mauricio Kartun y su trilogía: *El niño argentino, Ala de criados y Salomé de Chacra*. Una lectura inteligente sobre estos últimos años hace que las investigadoras tomen en cuenta que junto a la vuelta al texto dramático se conjugue la relectura de los clásicos, como una forma de aceptar que si bien el peso específico de la letra escrita es otro, la palabra no invalida el avance hacia nuevas estructuras teatrales, sino que por el contrario enriquece la posibilidad de experimentar desde allí con nuevas propuestas de actuación. El trabajo dedica un capítulo: "Relecturas y re–significaciones", al análisis de las piezas realizadas por dramaturgos y directores que efectuaron en el período una inteligente lectura sobre aquellas textualidades sin discusión pero que necesariamente deben tener una mirada que de a creadores y espectadores una posible respuesta a su tiempo desde la textura dramática, o por el contrario que les ayude a nuevos interrogantes con la proximidad de un relato contemporáneo de la historia reciente. Griselda Gambaro, Eduardo Pavlovsky, Ricardo Bartis, Vivi Tellas, son algunos de los nombres que llevaron adelante con diferentes técnicas y poéticas un proceso que tuvo como resultado una dramaturgia intertextual hacia textos de producción europea y nacional y por otra parte, altamente interdisciplinaria. Por un lado, la fragmentación de los códigos teatrales y, por otro, la ineludible "contaminación" con otras artes permitió la emergencia de distintos soportes formales yuxtapuestos y sin subordinación:

> En este mundo "hipertrófico" las expresiones artísticas fusionan los medios tradicionales con las tecnologías digito- electro- informáticas, en ellas convergen instalaciones multimedia, arte interactivo, video arte y media performances, formatos generadores de una realidad virtual que se amalgaman con el aquí y ahora del evento teatral.

Los procedimientos estéticos de las artes plásticas, del cine, de la poesía, de la música y de la danza se entrecruzan y se fusionan otorgándole al evento teatral un andamiaje sólido y una textura que responde a los cambios en la experiencia espectatorial, en especial, en la forma de comunicar y a la percepción múltiple. Además, también desde la escritura dramática hubo una "voluntad de autoexhibición y de reflexión sobre el propio yo en relación con el mundo [...] para indagar en esa otra ficción, que es el mundo objetivo. Desde esta perspectiva, el teatro y el documental son las dos caras del mismo hecho escénico: *Proyecto Museos / Biodrama / Archivos*, los tres ciclos son el claro ejemplo de una tendencia que fue ganando espacios y adeptos. A partir de estos dos principios constructivos, lo autorreferencial y la metateatralidad, Díaz y Libonati analizan otras obras también representativas de la década propuesta. Como último testimonio de dicho período, dan cuenta de qué forma ante la crisis institucional e individual y el espectro de la última dictadura cívico – militar, el teatro tuvo la capacidad de poder articular las distintas voces –propia y ajenas- a la vez que desarrollar un discurso crítico acorde al cambio histórico que afectó a todos los ámbitos –públicos y privados- de nuestra sociedad. Un capítulo profuso y conclusivo –"Política, memoria, identidad"- necesario para edificar nuestra memoria colectiva y, como a lo largo del libro, las puestas en escena son el punto de partida para la reflexión teórica:

> El teatro asume nuevamente, en este contexto, una función profundamente afirmativa y hasta, en algún sentido, revolucionaria: la de entablar procesos vivos de comunicación que restituyan a los sujetos su capacidad de diseñar sus propias respuestas y sus propios juicios, al tiempo que subraya la necesidad del relato, del recuerdo, del testimonio, del imperativo de sobrevivir.

Este interesante trabajo de Díaz - Libonati es una mirada

distinta, interdisciplinaria y polifónica que da lugar a otras voces reconocidas –intelectuales, dramaturgos, investigadores. La lectura no es unívoca sino que, por el contrario, permite que cada lector/a pueda seguir su propio recorrido de manera amena según su interés personal. A lo largo de los distintos capítulos las autoras dan cuenta de su pasión por el teatro pero sin juicios, pues sus precisos análisis y/o comentarios surgen a partir de cada puesta en escena, en particular, y el texto dramático se utiliza para ejemplificar lo escrito. Esto da cuenta de una larga trayectoria en la experiencia espectatorial, siempre ávidas y atentas a las nuevas expresiones en el quehacer teatral y respaldando la investigación comprometida y concienzuda de los profesionales del campo teatral en Buenos Aires. Desde una perspectiva reflexiva a esa actualidad artística que fue un punto de inflexión: las escrituras escénicas orgánicas y vitales, las estrategias discursivas y compositivas, cada expresión artística que daba cuenta de nuestra compleja realidad social, política y económica.

El teatro como síntoma ritual de una determinada coyuntura, el discurso artístico fue una construcción de múltiples sentidos que, necesariamente, estuvo mediado por el estallido de la crisis del 2001. En los intersticios de *De la crisis a la resistencia creativa...* confluyen tanto los espacios públicos –con el "¡Qué se vayan todos!"- como el espacio íntimo de cada artista que intentó y logró darle textura al hecho escénico a partir de sus propias necesidades de creatividad y de supervivencia. Cada obra del corpus elegido es la expresión acabada de que en esa década el campo teatral recapitalizó la crisis y elaboró su propia estrategia dando cuenta de que el hecho teatral se ubicó más allá de la instancia de creación. Por lo tanto, esta propuesta no es sólo necesaria para la construcción de nuestra memoria social, es también una forma de no olvidar las causas y los efectos que desembocaron en dicha crisis, un trabajo de la memoria colectiva desde el estudio del arte dramático en un territorio delimitado por un tiempo histórico, de alta tensión y conflictividad.

Azucena Ester Joffe - María de los Ángeles Sanz

Introducción
Breve panorama de la década 2000 - 2010

Mientras la caída de las torres gemelas en Estados Unidos señalaba un antes y un después en la historia mundial, en Latinoamérica los primeros años del siglo XXI estuvieron signados por las luchas sociales y las reivindicaciones populares que expresaban la crisis del neoliberalismo.

Las políticas de los gobiernos reformistas y progresistas emergentes en varios países latinoamericanos desplazaron las estrategias económicas dominantes en la década anterior y supusieron, para las organizaciones sociales, nuevos desafíos y nuevos horizontes de acción. Observan Modonesi y Rebón (2011: 9) que, asociado a estos cambios en las orientaciones políticas de algunos gobiernos "surgen procesos de movilización social con características regresivas, tintes derechistas y anhelos restauradores."

El gobierno menemista atravesó la década del 90 con políticas neoliberales que destruyeron la industria nacional y sumieron al país en la más profunda depresión, sentando las bases de la crisis que haría eclosión a fines de 2001 y en 2002. De este modo, los ajustes que respondían al mandato de organismos internacionales de crédito, las privatizaciones que rifaron los bienes nacionales, la liberalización financiera, industrial y comercial que obedecía a los intereses del mercado implicaron la pérdida de soberanía y el desmantelamiento del Estado, el empobrecimiento de la población y el alarmante aumento del desempleo.

La Alianza (UCR- Frepaso) "continuó con la política económica llevada adelante por Menem respecto de la libertad de mercado, el ajuste de la economía, la exclusión social y el asfixiante plan de convertibilidad implementado por Domingo Cavallo en 1991, cuando era ministro de economía."[1] (Míguez, 2013: 19). El decreto 1570/ 2001, que precipitó la caída del gobierno de la Alianza, impedía que los ahorristas extrajeran su propio dinero de los bancos y que los trabajadores dispusieran libremente de sus salarios - que, desde 1997, debían depositarse en cajas de ahorro-, puesto que el llamado "corralito" limitaba las extracciones. La reacción popular fue en aumento hasta que el presidente decretó el Estado de Sitio y la represión policial no se hizo esperar.

En las jornadas del 19 y 20 de diciembre de 2001, punto de eclosión de la crisis, la movilización popular cuestionó la validez de las tradicionales estructuras del poder político y económico. Manifestaciones, asambleas de vecinos, cacerolazos, piquetes, marchas y todos los modos de intercambio y solidaridad tenían como objetivo redefinir la función de la política como acción inmediata y directa, cuyo beneficiario debía ser el pueblo. La idea impracticable de "que se vayan todos" suponía un profundo desencanto y descreimiento en la política y, al mismo tiempo, un llamado urgente a transformarlo todo y empezar de nuevo.

El espacio público fue también ámbito de expresiones artísticas y de distintas formas de creatividad colectiva. Si bien, como expresa Andrea Giunta, no es posible trasladar

---

[1] Como bien señala Míguez a continuación: "El 30 de julio, por la Ley de Déficit Cero, Cavallo les rebajó el 13 % de sus salarios a todos los trabajadores del Estado, mientras la ministra de Trabajo, Patricia Bullrich, les quitaba el mismo porcentaje a los ya miserables haberes de los jubilados y pensionados". (2013: 20).

horizontalmente las prácticas de protesta popular a las formas de organización artística y, por otro lado, ambas fueron previas a la crisis, resulta innegable que "todas las formas de organización colectiva se intensificaron inmediatamente después de la crisis y, en ocasiones, se vincularon en un mismo espacio." (Giunta, 2009: 16).

Frente al empobrecimiento, la falta de trabajo y el cuestionamiento de todos los valores y certezas, un sector de la sociedad argentina adoptó una "actitud apocalíptica" basada en el reclamo de la disolución completa de las instituciones y del sistema político, mientras que otro sector se ubicó en el polo opuesto: el de quienes "no dejaban de valorar lo que había de generoso y creativo en los movimientos de la sociedad", aún advirtiendo que "la solución de la crisis habría de seguir un camino tortuoso; que habrían de utilizarse materiales humanos, sociales, institucionales, culturales y políticos deteriorados, impuros, pues ellos mismos eran parte de la crisis." (Romero, 2003: 13)[2]. En esta última línea se encuentran muchos representantes del teatro actual en Buenos Aires quienes, desde la década del 90, idearon una serie de estrategias para hacer frente a la pauperización social: la autogestión, el achicamiento de los espacios, el teatro "a la gorra", la reducción del costo de las entradas, la publicidad "boca a boca", la adopción de ámbitos no convencionales (casas, fábricas y calles). En consonancia con lo que sucedía en otros ámbitos artísticos, como las artes visuales -que, en plena crisis del país, experimentaron un momento de notable expansión institucional- otra reacción, paradójica por cier-

---

[2] Romero, José Luis, 2003. *La crisis argentina. Una mirada al siglo XX.* Buenos Aires: Siglo XXI.

to, de la práctica escénica fue la apertura de nuevas salas[3]. El teatro aparece entonces como un fenómeno de resistencia y, en este sentido, como una praxis social y política. Por otro lado, la utilización creativa de los materiales, el abandono de las salas tradicionales, la ubicación del actor en el centro del proceso creativo y la valorización del lenguaje escénico no fueron únicamente decisiones forzadas por la situación económica sino también elecciones estéticas voluntarias y conscientes.

En señal de complicidad y apoyo, el público respaldó estas iniciativas con su asistencia al teatro, a museos, conciertos y espectáculos de danzas, acaso impulsado por la necesidad de comprender lo que estaba sucediendo, pero también como una forma de recuperar la comunicación directa y fortalecer la interacción comunitaria.

La crisis prolongó sus efectos más nocivos hasta el 2003, año en que Néstor Kirchner asumió el gobierno y lentamente comenzó un proceso de recuperación política y económica, centrada en el descenso del desempleo y el aumento de la producción nacional, por cuanto "la expansión productiva fue desplazando al anterior peso de la valorización financiera y, dentro de ella, la industria y el agro ganan peso frente al sector de servicios." (Míguez, 2013:82). En este contexto, más allá de la institucionalización de las acciones de lucha, la intervención directa seguirá siendo significativa, al tiempo que se organiza el movimiento por los derechos humanos.

---

[3] De las noventa salas no comerciales que había en 2003 en Buenos Aires, cuarenta se inauguraron a partir de la vigencia de la Ley Nacional del Teatro (1998) y, cuantitativamente fue en el año 2001 -momento de agudización de la crisis -cuando más salas se abrieron, como señalan Juan Garff y Ana Groch en *Teatro independientes de Buenos Aires*. (Buenos Aires: Instituto Nacional del Teatro, 2003).

En sus estudios sobre la posmodernidad en América Latina, García Canclini se refiere a las modificaciones en la representación simbólica de los pueblos debido a la ausencia de grandes relatos, de ideologías totalizadoras y de la fractura de los binomios propios de las modernidad (cuerpo- mente, materia- espíritu, cultura alta- cultura baja). La *hibridación* de la cultura está relacionada, según él, con la oscilación permanente entre la visualidad nacional y las formas desterritorializadas y transculturales del arte. (1993).

Si bien, a lo largo de su historia, se ha proclamado la autonomía del arte de las esferas religiosas y políticas, y se ha reconocido su independencia de otros discursos y de cuestiones prácticas por cuanto el arte posee su lógica particular y conforma su propio universo, resulta innegable también que se inserta en el dinamismo de las transformaciones sociales, y que su historia interna no puede comprenderse al margen de su época. Señala, a propósito de esto, Andrea Giunta:

> De la constatación histórica parecería resultar que todo planteo de experimentación estética fundado en la más absoluta autonomía, toda vanguardia estética, se cumple históricamente en la necesidad de vincularse con la política. Es entonces cuando se produce la *denuncia* y la *renuncia* a las formas del arte puro, cuando se condena su aislamiento y se lo incita como una "responsabilidad", a su inserción en la política, a poner a su servicio mucho más que las obras mismas: la propia práctica, el sentido de la vida, la propia vida. (Giunta, 2009: 153).

Lo cierto es que el teatro, como arte absolutamente sensible a su contexto, especialmente en épocas de crisis, parece multiplicar su potencia cuestionadora, sus recursos y su nivel de creatividad. Del mismo modo en que la sociedad buscaba respuestas en la fuerza colectiva, el arte también se colectivizaba. Los grupos artísticos se acrecentaron, algunos tenían como motivación la urgencia por encontrar salidas creativas a la crisis, otros no se lo proponían de un modo directo, aún cuando se habían gestado o habían recobrado fuerza a la luz de los acontecimientos sociales de 2001-2002[4].

Ahora bien, luego de las rupturas propias del siglo XX: el abandono de los grandes relatos, de la representación tradicional, de la centralidad de la composición, de la transgresión en el uso de los materiales y de los enfrentamientos con las instituciones, los primeros años del siglo XXI deben reconocer la modificación del estatuto de la obra de arte, de su concepción y su recepción. Como parte del proceso de redefinición social propio de la cultura hipermoderna, de la desregulación, la crisis de la subjetividad y de la representación, el teatro argentino asume y encarna el pasaje de la *utopía* como fenómeno típicamente moderno a lo que Gianni Vattimo denomina *heterotopía* (1989: 63-83) concepción que implica la necesidad de redefinir "lo bello" entendido como multiplicidad, el pasaje de los modelos unívocos y homogéneos a los modelos plurales.

---

[4] Estudio Abierto, entre ellos, fue un festival multidisciplinario de arte que se desarrolló entre 2000 y 2006 en distintos barrios la ciudad de Buenos Aires, organizado por la Secretaría de Cultura del Gobierno de la Ciudad. En un sentido, fue una respuesta institucional que recuperó transitoriamente zonas desamparadas ocupándolas con distintas experiencias de la cultura (exposiciones, performances, música).

Tanto los conceptos de *centralidad* y *regularidad* como el de *marginalidad* operan entonces de un modo complejo, en diversos planos y en variadas direcciones. El centro y los márgenes no están claramente delimitados ni absolutamente cerrados en sí mismos sino que, por el contrario, a partir de constantes fisuras, el centro tiende a la multicentralidad. Sin embargo, a pesar de la flexibilidad de las fronteras genéricas, de la apertura de los circuitos teatrales tradicionales y de la multiplicidad de cánones, es posible considerar a ciertas poéticas como integrantes del modelo canónico tradicional del teatro argentino, mientras que otras aparecen claramente por fuera de ese canon.

Renunciando de antemano a la pretensión de simplificar la complejidad y la heterogeneidad de un campo teatral tan vasto y dinámico como el de Buenos Aires, nos referimos, en este texto, a las tendencias -estéticas e idoelógicas- que consideramos más significativas de la década 2000- 2010 atendiendo a su posición "alternativa" o periférica con respecto a los modelos tradicionales, a sus producciones independientes y a sus poéticas plurales. Y lo hacemos tomando determinados ejes -el espacio como categoría dramatúrgica, el lenguaje y los signos escénicos, lo político y lo identitario, la ficcionalización de la realidad, las relecturas de piezas canónicas o la asociación del teatro con otras artes- que buscamos ilustrar con distintas puestas o textos dramáticos, o bien, con diversos aspectos de una misma puesta, abordándola desde las distintas perspectivas que mencionamos.

Otra característica que define a las tendencias teatrales alternativas es la centralidad del actor y su corporalidad, ya sea que se trate del cuerpo desnudo y despojado, como del cuerpo metamorfoseado, plagado de símbolos. El cuerpo del actor, en tanto creador del espacio escénico, pone en crisis las tradicionales categorías espacio- temporales. Se trata de un "cuerpo pordramático", que se destaca "por su *presencia*, no por su cualidad de significar algo. Su capacidad se vuelve consciente para perturbar e *interrumpir* toda semiosis que pueda partir de la estructura, la dramaturgia y el sentido lingüístico" (Lehmann: 2013: 352). Estas tendencias, además, proponen un espacio de experimentación, considerado como una dimensión compositiva, que se re- inventa, se transforma y se re- organiza en cada proyecto creativo, rediseñando permanentemente las normas escénicas y reformulando el papel del espectador.

Pretendemos, con este estudio, continuar nuestra aproximación a distintos momentos de la historia del teatro argentino, centrándonos en el campo porteño, como hemos hechos en *Metáforas escénicas y discursos sociales. Reflexiones sobre el teatro en el debate culturas* (2013) y en *Teatro en democracia: Innovación y compromiso social. La escena de los 80 en Buenos Aires* (2014). Se trata, en todos los casos, de lecturas parciales e inevitablemente subjetivas, que buscan ofrecer un panorama a partir de ciertos ejes teóricos, de fragmentos de un campo teatral tan vasto, heterogéneo y caracterizado por una multiplicidad de voces, tendencias e intereses artísticos.

Silvina Díaz - Adriana Libonati

El espacio como categoría "dramatúrgica"

El teatro es un fenómeno urbano que tiene lugar efectivo en la ciudad y, como tal, busca constantemente redefinir su espacio y adaptarse a las nuevas y cambiantes condiciones sociales. Tal como expresa García Canclini, en las grandes ciudades

> La diversidad incluye y superpone lo global urbano moderno con otras tradiciones y temporalidades. Situaciones de yuxtaposición que invitan a una lectura en continuado, cuyos significados se contradicen y se multiplican. Las luchas semánticas por neutralizarse, perturbar el mensaje de los otros o cambiar su significado y subordinar a los demás a la propia lógica son puestas en escena de los conflictos entre las fuerzas sociales. (García Canclini, 1993: 280).

La geografía urbana genera una teatralidad propia que, en oposición a la homogeneización cultural, acentúa las marcas particulares y diferenciadoras, condicionando fuertemente las puestas en escena:

> La arquitectura teatral es una presencia viviente mientras está sometida a continuas modificaciones. De lo contrario, se transforma muy rápidamente en una carcasa muerta, en un monumento histórico muy alejado de su vocación inicial: ser una herramienta.

> Hoy el conjunto del espacio teatral está influido por una nueva libertad, un nuevo campo de movimiento, liberado de las convenciones artísticas que obstaculizan su revelación. (Lecat, 2001: 12).

Como reacción a la disolución paulatina de las identidades desde los parámetros de la mundialización, el teatro asume una posición estética, ideológica y social con fuertes rasgos localistas, que se alza contra la pretensión de igualación y asimilación a los modelos culturales centrales. Así, en momentos de crisis y rupturas de las convenciones, la escena continúa nutriéndose en sus propias fuentes y tradiciones, aún cuando sea, en muchas ocasiones, para re-significarlas o cuestionarlas.

Partiendo de estas premisas es necesario reconocer las variantes y modulaciones de la tan mentada globalización, teniendo en cuenta que, como expresa Renato Ortiz (1996: 22), "una cultura mundializada atraviesa las diferencias de modernidad que confiere mayor o menor peso a su concretización." En este sentido, el autor sugiere recurrir el término "globalización" para referirse únicamente a la economía y la tecnología, por cuanto se trata de dimensiones que nos reenvían a una cierta unicidad de la vida social mientras que, para el ámbito cultural, alude al concepto de un espacio "transglósico", en el cual diferentes lenguas y culturas conviven e interactúan entre sí.

En este contexto, el espacio se define, más que nunca, como un elemento dinámico, no determinado de antemano. La pérdida de referencias y valores estables, así como también los cambios en la organización espacial característicos del teatro de intertexto posmoderno son correlatos estéticos de un factor local profundamente movilizador: la crisis político-social, institucional y económica de comienzos de la década del 2000, que estremeció las estructuras de la esfera cultural y de la sociedad toda, así como también la desconfianza en la política, que se había mostrado incapaz de enfrentar la disolución de los valores sociales y sobreponerse a ella.

Si, como señalamos, se multiplicaron las intervenciones y experiencias artísticas callejeras que respondían de un modo directo a la urgencia e inmediatez de la crisis, no debe perderse de vista que:

> La cultura de Buenos Aires se transformó haciendo suyas las marcas de las ciudades globales -ocupar espacios de la ciudad desvastados con intervenciones artísticas y culturales es una acción que puede identificarse con todas las grandes ciudades- y en qué medida la crisis, la puesta en jaque de las variables de la globalización que se produce en 2001, acentuó el tiempo de esa transformación y lo torció en escenarios que se organizaban al calor de la protesta y la necesidad de encontrar respuestas a problemas concretos (Giunta, 2009: 49).

Entre otras consecuencias negativas, la debilidad institucional trajo aparejada la inestabilidad, la transformación y fragmentación de los espacios, pero dio lugar también al surgimiento de nuevos ámbitos para las prácticas escénicas y propició diversos usos dramáticos de esos espacios.

Teniendo en cuenta que el teatro es una forma de marginalidad con respecto al centro del campo cultural, puede entreverse su posibilidad de constituirse en articulador de nuevos códigos, metáforas y símbolos. En este sentido, la utilización de ámbitos no tradicionales responde a la necesidad de impugnar las constricciones del teatro a la italiana (frontal, distanciado, inmodificable) y de experimentar con situaciones más flexibles, más cercanas, que involucren sensorialmente al espectador, para transformar ese espacio inmutable en un elemento dramatúrgico a definir en cada puesta en escena.

Esta innovación, propia de los 80 y los 90 en nuestro país, se profundiza y continúa diversificándose en la década del 2000, pero se verifica al mismo tiempo un retorno al trabajo en espacios tradicionales, no sólo por parte del teatro realista -que nunca había abandonado sus principios estéticos e ideológicos-, sino especialmente en lo que hace al teatro de experimentación.

Acaso movilizados por la impotencia que generaba la crisis, a comienzos de la década que nos ocupa el teatro apeló a innumerables recursos creativos, entre ellos la utilización del espacio público -plazas, calles, medios de transporte- y de ámbitos no creados para la escena -casas, estacionamientos, halls, pasillos, terrazas-.

En el contexto de los nuevos usos sociales y políticos del espacio urbano (piquetes, manifestaciones, asambleas vecinales), el teatro recupera prácticas vigentes a comienzos de la democracia: utilización de ámbitos no teatrales, descentramiento, espacios desbordados, estallido espacial, escena itinerante, ámbitos despojados que refuerzan la centralidad del actor. A ello se añade un uso esquemático de lo escenografía: dispositivos escénicos, no referenciales y abstractos, re-utilizados con distintas funciones dramáticas.

Cabe destacar que, no casualmente, las piezas que analizamos a propósito de un uso innovador del espacio pertenecen al campo teatral alternativo, anteriormente llamado *off*, por cuanto es en ese circuito donde se produjeron las mayores innovaciones estéticas. En efecto, el uso experimental del espacio puede observarse tanto en estos modelos periféricos y marginales, que se constituyen como ámbitos de indagación social y de resistencia frente a los paradigmas canónicos, como en las poéticas populares -nos referimos especialmente al teatro comunitario y al callejero- que buscan escenificar la potente energía dramática de las ciudades y su realidad cotidiana.

Ilustramos a continuación diversas formas en que el teatro se ha apropiado, en los años en que nos concentramos, de ámbitos no teatrales, transformándolos y resignificándolos: la intervención de los departamentos de un edificio real, la apropiación y ficcionalización del espacio público, la utilización teatral de una fábrica tomada por los obreros y de una fábrica en desuso, convertida en centro cultural.

Ámbitos cotidianos y de trabajo como espacios teatralizados

Puede observarse que, frente a las crisis sociales, económicas y políticas, el espacio teatral reacciona produciendo movimientos opuestos y a la vez complementarios:

a) Un repliegue de los espacios públicos hacia los privados. El espacio escénico se retira hacia el ámbito privado que, como consecuencia, se torna público.

b) Una expansión de los espacios cerrados hacia los abiertos, es decir desde el interior de las salas hacia el exterior.

Interiores, de Mariano Pensotti[1], ejemplifica la primera de estas opciones. En este caso el proceso de escenificación consistió en la intervención, a partir de situaciones ficcionales, de los departamentos de un edificio real habitado, que se convierten en espacios teatrales luego de un trabajo creativo y transformador.

En el programa de mano de la obra, Pensotti subraya la idea de la ciudad como escenario: "Desde las ventanas y desde la terraza se ven otros edificios de la ciudad. Algunas ventanas iluminadas a lo lejos. Nosotros desde acá los miramos. Ellos desde sus casas miran hacia acá. Se trata de explorar la vida privada de los otros, proyectar en ellas nuestras propias frustraciones, nuestro tedio cotidiano, nuestros sueños".

Los límites entre lo público y lo privado, entonces, se diluyen constantemente: el espectador se encuentra muy cerca del actor, en un espacio de representación que es a la vez escenario y vivienda. El espectador adquiere un rol

---

[1] *Interiores*. **Autor** y **Director**: Mariano Pensotti/ **Actuación:** Ezequiel Benzadon, Esteban Bigliardi, Edgardo Castro, Mariana Cavilli, Bárbara García, Walter Jakob, Martín Lavini, Eliana Niglia, Julián Tello, Guillermo Valdés, Débora Zanolli./ **Escenografía** y **Vestuario**: Mariana Tirantte/ **Iluminación**: Matías Sendón/ 2007.

absolutamente activo, que se contrapone con el más pasivo, tradicional, de testigo silencioso: recorre los distintos departamentos en cuyo interior tienen lugar las situaciones teatrales y, en su itinerancia, elige su propio recorrido, su punto de vista y su interpretación. Las situaciones expuestas -independientes entre sí pero cuya relación resignifica la totalidad- van desde un evidente sentido cotidiano hasta escenas con convenciones no realistas, que refuerzan el contraste con el entorno hiperrealista del edificio.

En el contexto de una puesta en escena multicéntrica, los ámbitos existentes entre cada uno de los escenarios -pasillos y escaleras- no hacen más que reforzar el marco realista de las historias y, al mismo tiempo, dejan expuesta la operación de construcción de los códigos y las convenciones. Esta doble estructura se da también en la instancia de la recepción, en tanto el espectador es guiado por un sistema de audio conectado a auriculares personales, que le brindan información sobre la situación que presencia (el pasado de los personajes, su personalidad, sus pensamientos) o bien datos insignificantes y contradictorios, completamente alejados de la situación teatral. Dicha información se resemantiza en la experiencia presente del receptor a partir de su encuentro directo con el actor. Estos tres elementos -su itinerancia, su libertad en el recorrido y el sistema de audioguía- asocian esta vivencia con la del visitante de un museo, quien decide su propio recorrido, los tiempos y el ritmo de su experiencia receptiva.

La prolongación del espacio escénico hacia el urbano o el proceso inverso -el achicamiento y la minimización de la escena- produce un mestizaje entre lo abierto y lo privado, lo público y lo cerrado. Pensemos por ejemplo en el teatro que se realiza en ámbitos parateatrales, entre ellos los espacios domésticos o los laborales (fábricas, galpones, ferias). En estos casos la dimensión social se manifiesta de un modo ostensible a partir de la utilización de un lugar cotidiano que forma un todo único con el espacio escénico, generando inevitablemente la idea de una praxis cultural solidaria con la realidad, es decir del teatro como práctica social. Jean Duvignaud explica las características del espacio urbano y sus actores sociales y de la situación teatral dentro de la ciudad:

> La verdadera distinción entre situación social y situación teatral no radica en la oposición superficial entre existencia imaginaria y existencia real sino en el hecho de que en el teatro la acción se da a ver, restituida en forma de espectáculo. (…) La frontera entre el teatro y la vida social pasa, pues, por esta sublimación de los conflictos reales. La ceremonia dramática es una ceremonia social diferida, suspendida. El arte dramático sabe que florece al margen de la vida real. (Duvignaud, 1970: 28).

Con respecto a la creación de salas teatrales no convencionales[2], es necesario remitirnos también al teatro en casas, modalidad que ha adquirido un nuevo auge a partir de diciembre de 2001. En producciones como *El que trabaja*

---

[2] En relación al uso de ámbitos escénicos alternativos en este periodo remitimos al capítulo "Pauperización social y crisis política", de nuestro libro *Metáforas escénicas y discursos sociales. Reflexiones sobre el teatro en el debate cultural"* (2013) Buenos Aires: Ricardo Vergara Ediciones.

con el martillo (Fagnani, 2002) y *Perspectiva Siberia* (Catani, 2002)[3] se observa que, en vez de prolongarse hacia el exterior, el espacio escénico se repliega hacia casas particulares, un ambiente privado que, como consecuencia, se torna público. Un teatro que se instala en ámbitos cotidianos, como el doméstico o de trabajo, reformula y flexibiliza las relaciones entre la realidad y la ficción escénica y condiciona profundamente la percepción del espectador a partir de la ampliación e intensificación de los vínculos entre actores y público.

Tres Ex (estrenada en La Fábrica, bajo la dirección de Mariana Anghileri)[4] tiene lugar en una fábrica de aluminio que se encontraba aún en funcionamiento -aunque limitado- y que forma una totalidad única con el espacio escénico. El espectador es guiado entre dos hileras de velas encendidas, tránsito que le permite intuir, entre las sombras, el quehacer diurno. Al llegar al sitio de la representación los indicios del trabajo fabril desaparecen, ocultos por la potencia de un reflector. Nuevamente, el signo lumínico resulta primordial.

Si por un lado la impronta de la realidad social aparece claramente definida por la particular interrelación del universo ficcional con elementos reales de trabajo -herramientas y láminas de aluminio-, por otro lado la puesta se basa en una

---

[3] *El que trabaja con el martillo.* **Dramaturgia:** Marcelo Bertuccio/ **Dirección:** Esteban Fagnani/ **Actuación**: Javier Acuña, Alejandra Flores, Miguel Forza de Paul, Andrés Ventura/ **Escenografía:** Liliana Medela, 2000. *Perspectiva Siberia.* **Dramaturgia y dirección:** Grupo de Teatro Doméstico/ **Dirección de actores:** Beatriz Catani / **Actuación**: Alfredo Martín, Susana Pampín, Jorge Sánchez/ **Escenografía**: Ariel Vaccaro/ 2001.

[4] *Tres Ex.* **Dramaturgia:** Moro Anghileri, Gustavo Tarrío/ **Dirección:** Moro Anghileri/ **Actuación**: Paola Barrientos, Mónica Bonelli, Diego Velázquez/ **Escenografía:** Roberto Fernández/ La Fábrica, 2000.

gran economía de recursos: una única fuente de luz, escasos elementos escénicos, espacio despojado.

Usos no convencionales del espacio escénico: José María Muscari

Como sostiene De Marinis: "la revolución contemporánea del espacio teatral consistió básicamente en el haber valorizado el espacio teatral "como espacio de relaciones y de experiencia (del espectador además del actor), pero especialmente en haber hecho del espacio un elemento, o dimensión de la dramaturgia, es decir una entidad dramatúrgicamente activa." (De Marinis, 2000: 31). Esto significa que el espacio no constituye un dato inmodificable, sino que la dimensión se crea, se reinventa y se reorganiza en cada puesta en particular. Y aclara luego que el factor más radical en la innovación del espacio escénico no consistió en la adopción de lugares alternativos a los tradicionales sino más bien en el uso del espacio como elemento dramatúrgico, a la par del texto, del actor, de la música..." (2000: 43).

Como muchos teatristas, Muscari incursiona, en los años que nos ocupan, en diversos circuitos teatrales -periférico, comercial, independiente y mixto- confirmando una de las características de la época: la total imbricación de los circuitos, la disolución de sus límites y, por lo tanto, la mezcla de modelos y poéticas.

Uno de los rasgos más interesantes de su marca directorial es la utilización no convencional del ámbito escénico. Se trata de la propuesta de un espacio de experimentación, considerado como una dimensión compositiva, que rediseña permanentemente las normas escénicas. Podemos hablar, en el caso de algunos de sus trabajos, de la elección de salas alejadas del centro y, en otros, de una utilización escénica de lugares no teatrales, intervenidos y transformados.

Muscari concibe el espacio escénico como totalidad unitaria, valorado en su potencial dramático y espectacular. Aún en los casos en que la puesta se realice en una sala teatral convencional, se produce el desborde del escenario a la italiana y el aprovechamiento del espacio que las puestas ortodoxas desechan por considerarlo "invisible" para el actor (puesto que se halla del otro lado de la "cuarta pared") o extra- escena. En sus trabajos, el espacio no es simplemente el marco de la representación o el soporte de la acción sino que llega a generar la puesta en escena y, en algunos casos, a determinar la poética del espectáculo. Puede comprenderse entonces que resulte fundamental para el director establecer una relación de afinidad entre el tema y el ámbito espacial.

Como ya había sucedido en la célebre *Mujeres de carne podrida* (2000), las obras que Muscari escribe y dirige entre 2000 y 2010 se caracterizan, como decíamos, por un uso creativo del signo espacial: *Disco. Genética en movimiento* (2001), *Derechas* (2001) en co- autoría con Bernardo Cappa, *Grasa* (2003), *Catch* (2003), *Shangay* (2004), *Sensibilidad y Electra Shock* (2005), *Piel de chancho* (2006), *Fetiche* (2007), *Crudo* (2008), *Auténtico* (2009), *Fuego entre mujeres* (2010).

Disco. Genética en movimiento[5] posee la particularidad

---

5   *Disco. Genética en movimiento*. **Dramaturgia y dirección**: José María Muscari/ **Actuación**: Anabella Acosta, Celeste Conti, Natalia Giardinieri, Pablo Lapadula, Renata Lozupone, Emanuel Miño, Cristian Morales, Analía Nuñez, Juan Palacios, Peter Pank, Guillermo Pfening, Alejandro Que-

de que la extra- escena se halla absorbida e incorporada a la representación como un todo indisoluble. Los actores se encuentran con los espectadores en una esquina y caminan junto a ellos a través del Parque Chacabuco, guiándolos hacia el lugar donde se desarrollará el espectáculo. Entrar a sus camarines, recorrer las bambalinas, los pasillos y el escenario significa transgredir una de las normas más importantes del teatro tradicional: la clara separación entre la mirada del público y el objeto observado (la escena). Transgresión que continúa cuando el espectador, ubicado finalmente en el lugar que se le ha destinado, descubre que se halla en el escenario, mientras que los actores ocupan la platea. Una vez allí, el espectador delimitará nuevamente un área de veda (Breyer, 1968) a la cual no podrá ingresar y cuyos límites, inciertos, serán redefinidos constantemente. El espacio de la representación, entendido como elemento caótico, se desborda hacia los márgenes y se prolonga hacia el ámbito cotidiano, al tiempo que se produce el movimiento inverso: la subjetivización y ficcionalización del espacio real, la interpenetración del mundo de lo cotidiano en el de la representación. Como resultado de un verdadero estallido espacial todo rincón puede, virtualmente, ser invadido por los actores, que aparecen en los balcones, por detrás de la puerta, rodeando al público.

    La apertura y la polisemia del signo espacial favorecen así la multiplicidad de miradas y la diversidad de puntos de vista, cuestionando la idea de percepción única, centralizada y totalizadora. El espectador, integrado físicamente a la puesta en escena, está obligado a descifrarla, a reconstruirla

---

sada/ **Escenografía**: Claudia Facciolo.

y a producir los posibles sentidos desde su itinerario y su desplazamiento. No hay marcas concretas que separen el área de la representación del área del público: los límites están dados, únicamente, por la demarcación de un espacio de juego, hipercodificado, habitado por el cuerpo del actor.

La calle como escenario

Surgido en la postdictadura, el teatro comunitario y el teatro callejero representaron la necesidad de protesta y liberación y, encarnaron, con un sentido festivo, los ideales de una cultura dinámica y entusiasta, que acompañó a la restauración democrática en nuestro país. El teatro se apropiaba de los espacios públicos -trasmisores de valores, juegos y pautas culturales- como modo de resistencia, de reencuentro colectivo y de afirmación de la propia identidad. No se trata tan sólo de generar conciencia acerca de las injusticias sociales y las consecuencias de la puesta en marcha de un capitalismo feroz, sino de revertirlas, enarbolando la bandera de la resistencia, la reterritorialización y la "apropiación" de la calle, entendida como una suerte de ruptura social.

Luego de la fractura social que significó la crisis, la ciudad se convirtió en escenario de múltiples manifestaciones populares. Las asambleas, piquetes y cacerolazos tuvieron su correlato en las manifestaciones artísticas. En este sentido, "la intervención activa del mundo del arte en las más diversas expresiones del cambio social reactualizó el debate sobre la relación entre el arte y la política". (Giunta, 2009: 26).

Una de las respuestas que generaron los vecinos a comienzos de la década del 2000 en medio del caos acarreado por las medidas neoliberales, fue el surgimiento de grupos de teatro comunitario y la producción de nuevas puestas en escena por parte de los grupos ya consolidados. Como consecuencia de este tipo de práctica, que implicó generar y revitalizar las relaciones de intercambio, colaboración y difusión se crea además, en 2002, la Red Nacional de Teatro Comunitario.

Asimismo, y respondiendo a similares necesidades socio-estéticas, a partir de un proyecto de los grupos Catalinas Sur y El Circuito Cultural Barracas presentado a la Municipalidad de Buenos Aires, se crea la Carpa Cultural Itinerante que se proponía mostrar y difundir esta forma de organización y de gestión teatral. Los trabajos presentados allí fueron muy bien recibidos por los vecinos, sin duda deseosos de encontrar alguna respuesta a la crisis[6].

Los chicos del cordel (2001), de Ricardo Talento, surgió a partir de las inquietudes de gente del barrio (más de cien vecinos- actores), la más significativa de las cuales era la

---

[6] Entre ellos podemos mencionar *Promesas rotas* (2002/2006) y *Fragmento de calesita* (2007), del grupo Alma Mate de Flores, *El gigante Amapolas* (2003) y *Cachuso, rantifuso* (2005) de la agrupación comunitaria El épico de Floresta, *Esperando a Gardel* (2003), *Avanti con las mujeres de Villurca*, *La fiesta de Antonieta* y *El romance del polaco*, las tres del 2004 de Villurqueros; *Desde el alma* (2002), *Perfume nacional* (2003), *Fuentevacuna* (2006) y *La bovina comedia* (2010), del grupo Res o no res; *La Caravana* (2004) y *Zumba la risa* (2007/2008, de Matemurga. *Familias como ésta* (2002/2003), *La fiesta de fin de año del club honor y gratitud* (2003), *Visita guiada* (2003), *Extra Extra preguntas que dan vuelta* (2008), de Pompapetriyasos, *Intento de Casorio* (2003), *La reina de Pompeya* (2005) y *Las ruinas de Pompeya* (2007) de Pompeya Teatro Comunitario. (García Clerc, Horacio- Adriana Libonati, 2015. Trabajo inédito).

marginación y la exclusión de la que se sentían víctimas. La obra alude al carácter de la sociedad actual y pone en escena un barrio desprotegido, fragmentado, con sujetos relegados por el sistema social y cultural. En un recorrido itinerante que borra continuamente los límites entre ficción y realidad, los espectadores siguen a los actores por las calles del barrio de Barracas y se detienen ante los distintos puntos en los que se desarrollan las situaciones dramáticas. Cada esquina se convierte, por lo tanto, en un ámbito de potencial teatralidad. Fabricio Cruciani define al teatro de calle como el teatro:

> que sale a la calle física y metafóricamente, que se construye como aventura y como viaje, que se abre al riesgo de la imprevisto y lo desconocido. (....) El teatro de calle, entonces, debe ser entendido no como un mero transferir al espacio exterior modos y personas del teatro sino como una situación distinta de teatro. (1992, 19).

Debemos tener en cuenta, además, dos rasgos que definen al teatro callejero: por un lado, la apropiación y resignificación del espacio público y, por otro, la poética del no- actor y la inclusión de títeres y muñecos realizados por los propios miembros del grupo, al igual que la escenografía y el vestuario.

En cuanto a los procedimientos estilísticos, las puestas de Los Calandracas, como así también de la mayoría de los elencos de teatro comunitario y callejero se basan en tres modelos populares: el sainete, la revista porteña y la murga.

La escena frontal y distanciada se diluye para dar lugar

a un espacio más participativo e integrador en el que el ciudadano- actor y el ciudadano- espectador aparecen como protagonistas de un hecho comunitario. Aunque la zona de veda jamás se destruye completamente, en el teatro callejero ambos espacios -el de la vida cotidiana y el de la escena- se impregnan mutuamente y se complementan. Citemos nuevamente, a Duvignaud (1970: 29):

> La ceremonia mágica o religiosa de la escena es contrapuesta a un espacio profano pero es, al mismo tiempo, inseparable de los intercambios que se establecen entre los dos campos: el público acaba, concluye el acto mágico o sagrado dotándolo de existencia.

En este sentido, y en tanto el teatro comunitario activa las formas autogestivas y solidarias a nivel barrial, se produce la recuperación de lo político. Como afirma Lola Proaño Gómez (2013: 83) a propósito de esto: se genera un desplazamiento de las identidades de los sujetos, en tanto éstos pasan -de manera consciente- de ser "sujetos marginales y anónimos a ser sujetos políticos y actores sociales, con capacidad de crear, de expresar opinión y de luchar por los asuntos de su comunidad."

A modo de conclusión

No fueron pocas, en los años que nos ocupan, las puestas en escena que retomaron el estandarte de la renovación espacial iniciada en los 80. Estos espectáculos, todos pertenecientes al teatro no oficial- proponen un tratamiento creativo y experimental del espacio, que va desde la superación de las limitaciones de la caja a la italiana y sus implicancias (la idea de la cuarta pared, que convierte al espectador en voyeur y permite al actor dar entidad al mundo ficcional fingiendo no ser visto) hasta el estallido espacial, que multiplica los núcleos de sentido y significación. Se trata, en algunos casos, del trabajo con espacios abstractos, vacíos, no figurativos, cuya finalidad es destacar la acción del actor -que continúa siendo el sujeto creativo central de la escena-, de su cuerpo en movimiento.

En el contexto de una década cuyos primeros años estuvieron signados por el derrumbe institucional y económico, se trató en verdad de un doble juego: una elección estética y, al mismo tiempo, forzada por la coyuntura. Así, podían verse escenarios despojados, con objetos re- funcionalizados, elementos en desuso, precarios en sí mismos -cajas de cartón, elementos de desecho, restos de materiales de construcción, vestuario elemental o cotidiano, ropa de segunda mano- un uso limitado de la tecnología. Las condiciones sociales y económicas determinaban entonces una estética de crisis, al tiempo que dejaba en evidencia la voluntad de los creadores de dar cuenta de ese contexto social.

Pero sin duda la postura política y militante de mayor resistencia, que buscaba contrarrestar la crisis desde la creación artística, fue el gesto mismo de seguir haciendo teatro, pese a todo, de profundizar su potencia crítica, su capacidad de visualizar los conflictos y de propiciar el debate en todos los estratos de la sociedad. En este sentido, el teatro expresó, en esos años, su pretensión de

....volver a ser un medio y un lugar de acción real del actor sobre el espectador, del hombre sobre el hombre, a nivel intelectual y emotivo, pero sobre todo y prioritariamente, a nivel físico- perceptivo, individualizando en los sentidos del espectador la principal *pierre de touche* del impacto del espectáculo (De Marinis, 2000: 10).

El lenguaje colonizado por la escena

A nivel social y económico puede considerarse que, a partir de 2003- 2004, comenzaron a registrarse en nuestro país los primeros signos de recuperación, entendida ésta como un proceso complejo y lento. Como sostiene Andrea Giunta (2009: 63) fue en esos años

> cuando las instituciones comenzaron a superar el estado de excepción (de crisis radical) que marcó el año 2002. Es también el momento en el que comenzó a diluirse la cohesión del soporte social al que, tanto discursiva como materialmente, se vinculaban las prácticas artísticas asociativas.

Una vez amortiguada la urgencia de la protesta y recuperada la estabilidad institucional, las obras de autor recobran su densidad metafórica y sus niveles de ambigüedad.

Por otro lado, como señalamos en el capítulo *El espacio como categoría dramatúrgica*, al mismo tiempo que se profundiza y se diversifica el uso innovador de la espacialidad (tanto por la utilización de ámbitos no teatrales como por su definición como un elemento fundamental de composición escénica), se produce el retorno a los espacios tradicionales por parte de muchas corrientes teatrales no oficiales ni comerciales. Un proceso similar se verifica con respecto al texto, independientemente del teatro de texto tradicional que, por supuesto, nunca había perdido su vigencia.

En efecto, luego de la corriente de rechazo del texto, típica del *underground* de los 80 es decir, un texto que pre-existe a la puesta en escena y que ha sido escrito por un dramaturgo para ser representado- se produce un retorno al texto, aún cuando este retorno se concrete a partir de modalidades y recursos dramatúrgicos completamente diversos a los que regulaban la presencia de la palabra en el realismo ortodoxo. Si bien el texto ya no constituye el elemento primordial, aparece como un componente importante de la puesta en escena, en pie de igualdad con el resto de los signos: la espacialización, la actuación, la iluminación, el vestuario, la música.

Sostiene Lyotard (1993: 123), que la ruptura posmoderna con las grandes narraciones y legitimaciones implica, también, un rechazo de las formas del pensamiento totalizante y de las utopías de unidad, con la consiguiente aceptación del pluralismo de lenguajes y del carácter local de todos los discursos, acuerdos y legitimaciones.

En los años que nos ocupan, dramaturgos como Mauricio Kartun, Javier Daulte, Rafael Spregelburd, Daniel Veronese y Alejandro Tantanian, entre otros, proponen justamente un teatro de carácter polisémico que desarticula el sentido común y los términos tradicionales de la experiencia social para poner en primer plano las zonas de ambigüedad, los sentidos oblicuos, multívocos y autorreflexivos. Los textos de esa década, dentro del teatro alternativo, son de carácter polisémico, proponen la deconstrucción del sentido común al poner en tela de juicio la posibilidad de interpretar la historia unidireccionalmente, de encontrar una única verdad.

Las piezas de Daulte, Spregelburd y Veronese -como

paradigmas de la tendencia del teatro de la desintegración surgido en los 90, un teatro alternativo y periférico con respecto al modelo canónico realista- presentan, en estos años, una narración fracturada que pone en crisis la lógica causal directa. En este sentido, como sostiene Pellettieri (2000: 29), el teatro de la desintegración "toma del absurdo lo abstracto del lenguaje teatral y la disolución el personaje, pero no pretende demostrar nada, cree que el sentido del texto, que es absolutamente arreferencial lo debe aportar casi exclusivamente el espectador."

Sus textos combinan formas modernas de la dramaturgia con un intertexto posmoderno y trabajan productivamente con intertextos provenientes de la escena mundial: Heiner Müller, Philippe Minyana, Valère Novarina, el poeta Raymond Carver y el teatro del absurdo. Al distanciarse del realismo moderno las piezas se apartan del verosímil psicológico realista. En este sentido, los tres autores mencionados coinciden en la concepción de la obra teatral como simulacro, a partir de la presentación de textos fragmentarios, inconclusos, intertextuales -con géneros artísticos, discursos sociales y políticos- y confluyen en el desenmascaramiento del carácter autorreferencial.

De este modo, recuperan la dimensión lúdica del teatro, su vocación de entretenimiento. Definir al teatro como *puro juego* supone reconocerlo como un mundo autónomo, paralelo a la realidad, que se rige por sus propias reglas. Adhiriendo al postulado de Alain Badiou (1995), el director argentino concibe el hecho teatral como un "acontecimiento de pensamiento" que produce "ideas- teatro" y cuya verdadera existencia es la representación[1]. El teatro posee una lógica propia, la lógica del devenir escénico y se limita, por lo tanto, a representar su propio discurso, sin recurrir a referentes externos para confirmarlo. Esto no significa sin embargo que estos textos permanezcan ajenos al contexto socio- político. En primer lugar porque, atravesado por las contradicciones de nuestra realidad, se presenta concientemente como una *práctica de resistencia* -frente a la crisis argentina y a los intentos de homogeneización propios de la globalización-. En segundo lugar porque la crítica social se inscribe, en su poética, de un modo oblicuo e indirecto .

A nivel semántico las piezas de Daulte, Spregelburd y Veronese evidencian la desintegración social, la incomunicación familiar, el consumismo feroz, la violencia gratuita y la ausencia de amor y solidaridad en la convivencia posmoderna. Estos tópicos aparecen canalizados en el diseño de personajes que mantienen una escasa comunicación y conexión entre sí y que tienden al desdoblamiento y la multiplicación.

Del mismo modo, sus piezas ostentan el carácter heterogéneo y no clausurado de las situaciones, la fragmentación y la discontinuidad como categorías estéticas. Los núcleos de sentido -que luego deberá rearmar el espectador- aparecen dispersos en los pliegues intertextuales, en los efectos paródicos, en el ejercicio de deconstrucción. Dentro de su concepción del teatro como hecho lúdico, el lenguaje crea mundos autónomos con respecto a la realidad, que generan sus propios referentes y sus propios sentidos,

---

[1] Alain Badiou, 1995, "Dix thèses sur le Théatre", en *Les cahiers,* n° 15 (Printemps).

siempre ambivalentes, imprecisos y contradictorios. Relatos que se abren dentro del relato y crean referencias cruzadas. Luego será el lector o el espectador el encargado de rearmar y organizar esos sentidos. En oposición a las constantes estilísticas del texto dramático tradicional y a la estructura clásica, la organización dramática de sus textos responde a un devenir no lineal, que genera la impresión de ser impredecible, azarosa e imprecisa.

En el caso particular de Javier Daulte, sus obras más representativas de esta década -*Bésame mucho* (2003), *¿Estás ahí?* (2004), *Nunca estuviste tan adorable* (2005), *Automáticos* (2007), *La felicidad* (2008), *Caperucita* (2009)- manifiestan una gran cantidad de intertextos y códigos: poéticos, artísticos, sociales, literarios, políticos, míticos, científicos, domésticos. Asimismo, aparece como constante estilística la utilización de recursos provenientes de una multiplicidad de géneros -policial, melodramático, ciencia ficción, periodístico, absurdo, realismo- que se encuentran al servicio de la parodia de esos discursos sociales, culturales y artísticos.

Las obras de los años que nos ocupan mantienen importantes niveles de intertextualidad también con respecto a sus piezas anteriores. Se propone entonces una reflexión metateatral que apunta a develar los artificios y a evidenciar el carácter de construcción artística. Uno de los mecanismos metalingüísticos más frecuente en estas piezas es el repliegue de la palabra sobre sí misma: personajes que hablan del lenguaje, de las convenciones idiomáticas, del origen de la palabra y de su uso cotidiano. Por otro lado, se trata de un textualidad atravesada por la experimentación con la categoría tradicional de tiempo a través de planos simultáneos y de rupturas tempo- espaciales

Rechazando las grandes historias, Spregelburd produce un teatro de situaciones banales, individuales, aparentemente sin importancia. *La modestia* (2000), *Fractal* (2001), *El pánico* (2003), *La estupidez* (2004), *Acasusso* (2007), *Lúcido* (2007), *La paranoia* (2008) y *Todo* (2010) ostentan una valorización ficcional de situaciones irrelevantes, que se corresponde con la creación de personajes desdramatizados, seres inestables que se encuentran, casi sin intervención de su voluntad, frente a encrucijadas que los obligan a optar por la acción o la pasividad. Si bien sus textos buscan desenmascarar la trivialidad social a partir de la superficialidad deliberada de personajes y situaciones, el interés del autor se sitúa, más que en aquello que narra, en el modo de narrarlo. Y, puesto que no hay grandes historias para contar, el lenguaje se convierte en el verdadero protagonista y atraviesa todos los signos de la representación.

Frente a la tendencia al desplazamiento y el rechazo del texto, Spregelburd otorga a la palabra un lugar fundamental. El suyo es un teatro discursivo, plagado de intertextos, en el que el lenguaje reflexiona sobre sí mismo y la puesta en escena evidencia sus convenciones. Sin embargo, como director, Spregelburd recrea el texto a partir del trabajo actoral y los signos escénicos.

Su escritura alterna la presentación realista de las situaciones con la transgresión al realismo por medio de la parodia y la sátira. Se ridiculiza a la clase media y su comportamiento estereotipado, pero también se parodian los procedimientos de la tendencia realista y su ingenua pretensión de transparencia, objetividad y mimetismo. Si en obras tempranas como *La tiniebla* (1994) y *Remanente de invierno* (1995) se encuentran muchas de las claves de su poética, en sus piezas de la década del 2000 estos elementos se concretan de un modo más elaborado y complejo: la construcción fragmentaria del acontecimiento y la alteración de la lógica de causa-efecto (*Fractal, El pánico*), la alternancia y superposición de pasado y presente (*La modestia*), la parodia al realismo y a géneros tradicionales como el melodrama, el policial y la comedia (*La escala humana, La estupidez, Bizarra*), la escenificación de teorías ajenas al teatro -filosóficas y científicas- con fines estéticos y lúdicos (*Fractal, La estupidez*), la desmesura de las situaciones escénicas y el efecto humorístico que esto produce (todas las obras que integran la *Heptalogía*). Tanto sus textos como sus espectáculos propician la multiplicidad de puntos de vista e interpretaciones, puesto que poseen importantes dosis de ambigüedad y evitan las explicaciones y el didactismo, dejando al espectador la tarea de determinar los sentidos posibles, que tendrán que ver con su propio mundo.

Como dramaturgo, Mauricio Kartun afirma la importancia del texto en la escena, aunque se trate, como él mismo expresara en varias ocasiones, de un texto colonizado por el lenguaje de la escena: "La palabra sigue siendo el lugar de condensación más poderoso que tiene la realidad en su intento por explicarse (…). La dramaturgia es esa arquitectura del sentido o construcción del discurso en el hecho performático. (…) No creo que un lenguaje invalide a otro". (citado en Rosembaigh, 2012: 102).

A partir de 2003, Kartun dirige sus propias obras, la

primera de ellas, en ese año, es *La Madonnita*. Luego vendrán, dentro de la década en que nos centramos: *El niño argentino* (2006) y *Ala de criados* (2009). Esas piezas exploran un dominio a menudo olvidado por el teatro de texto convencional: la dimensión musical, poética y sensorial del lenguaje oral, entendido como "la presencia de una *voz situada entre el cuerpo y el lenguaje."* (Finter, 1983)[2].

La Madonnita expone dos de las constantes en las piezas de este período: en primer lugar, un lenguaje metafórico y literaturizado y, luego, la degradación progresiva de los personajes.

Por su parte, las obras que componen lo que Kartun denominó "tríptico patronal" -*El niño argentino*, *Ala de criados* y *Salomé de chacra* (2011)- presentan elementos de continuidad: un personaje narrador que conduce el relato -la Vaca y Tatana respectivamente en las dos primeras, varios personajes en la última-. La búsqueda de un lenguaje poético particular, literaturizado: en *El niño argentino* recurre al verso; en *Ala de criados* a un lenguaje de clases parodizado e ironizado y en *Salomé* a la transgresión de la verosimilitud del lenguaje a partir de distintos recursos. En las tres se apela al metateatro como un intrarrelato, un relato teatral que se abre dentro del principal. A nivel temático también coinciden ciertos tópicos, por ejemplo el enfrentamiento entre la clase terrateniente y la clase sometida a ella. (Kartun, 2012: 162).

El Niño argentino expone una serie de personajes prototípicos de nuestro país en el primer cuarto del siglo XX, momento en que Europa expulsa a los excluidos de la Revolución Industrial. La pieza se inspira en una costumbre

---

[2] Finter, Helga, 2006, *El espacio subjetivo*. Buenos Aires: Artes del Sur.

practicada por la aristocracia argentina en aquellos años en que se "tiraba manteca al techo": llevar una vaca -signo de riqueza y opulencia- en los barcos transatlánticos para tener leche fresca durante los días de navegación, y un peón para que se ocupara de atenderlos. Mientras el personaje de la Vaca aparece aquí simultáneamente como la imagen del país y un símbolo de poder y dinero, los prototipos masculinos emblemáticos de la pieza -el Muchacho y el Niño- encarnan a los representantes de los antagónicos polos de la sociedad. En este sentido se observa desde un comienzo, esa diferencia de clases y los roles estratificados de cada uno.

NIÑO ARGENTINO:
Como sea te sentencio:
hablá si se te pregunta.
Estando yo hacé silencio.
Y si tu mente barrunta
algo de gran compromiso
primero pedís permiso. (18).

Pero...no hay patrón suplente.
Muchacho: patrón se nace. (52).

Sin embargo, los roles irán cambiando a partir del juego dialéctico de la traición. Será entonces el que tenga mayor astucia y menos escrúpulos quien domine la situación, para finalmente provocar la unión entre opuestos.

Del mismo modo, el lenguaje funciona como un claro índice social, por ejemplo cuando el Muchacho afirma: *"Más no haiga de preocuparse, que este pión sabrá bastarse"* (19) o cuando el Niño utiliza expresiones afrancesadas: *"Estaba el tout paquebote"* (47) o expresiones que denotan mezcla de referencias culturales e implican, por lo tanto, el dominio de diversos saberes y, en algunos casos, de intertextos culturales argentinos:

NIÑO:

    Cuatro baldes de maná,
    que necesito parné.
    Hay mesa de bacarat.
    Ya no aceptan pagaré. (49).

MUCHACHO:

    Si es más que padre, un amigo...
    Le dará sano consejo.

NIÑO:

    O te ha atontado el encierro
    O abusás del Martín Fierro. (24).

NIÑO:

    Pone voz al gritar mus
    se hace el sargento Cruz
    y le sale la cautiva. (38).

Se dejan entrever, además, los prejuicios y la estigmatización de la clase terrateniente hacia la clase obrera:

"*Carajo qué tiempo muerto/ tanta negrada candombe.*"
(24). Y hacia los inmigrantes:

> *(...) como si fueran mercantes,*
> *colmados de proa a popa,*
> *estiban los barcos de Europa*
> *pura carne de inmigrante.* (30).

El lenguaje es también el signo que concreta el artificio metateatral más importante de la pieza: la alusión al mundo del teatro y al mecanismo escénico.

NIÑO:
> *Qué género más pueril*
> *la comedia pastoril.*
> *Siempre la misma receta:*
> *peón bueno, patrón cajeta (...).*
> *La escena criolla apesta.* (38).

AURORA:
> *Soy la insulsa campeona moral*
> *en esta republiqueta (....).*
> *La del patético bolo:*
> *declamar con ademán*
> *en esta escenografía*
> *el mugriento protocolo*
> *de esta farsa, cada día.* (45)

En *Ala de criados*, el contexto de las huelgas y la represión en la Semana Trágica de 1919, durante la presidencia de Irigoyen, cobra un peso fundamental en la trama, que se desarrolla desde el punto de vista de los aristocráticos primos Guerra. En un elegante club marplatense Tatana, Emilito y Pancho reciben la noticia de este hecho fatídico y vislumbran la posibilidad de una suerte de venganza de clase que los reivindique frente a Tata, luego de haber sido rechazados por la Liga Patriótica.

La obra expresa una crítica mordaz, aunque oblicua e indirecta, a la clase media, siempre funcional al poder, ya sea concientemente o por el hecho de internalizar y reproducir sus mecanismos dominadores. Mientras que el cuestionamiento a la clase aristocrática aparece expuesto irónicamente en el discurso de los primos, plagado de un lenguaje metafórico, que por momentos llega a ser críptico, una lengua "para entendidos" que denota pertenencia de clase, por ejemplo cuando Emilito señala: *"¿Badminton en rancho no es cachudo?"* (85), *"Sabía conseguir cocó para fajarse y discos de tango"* (88), *"¡Parvenus! Rastaquoueres"*. (96).

Del mismo modo, en el desprecio que los personajes manifiestan por las clases desfavorecidas, puede leerse también la ironía del autor al poner en evidencia un pensamiento prejuiciosos y estigmatizador por parte de la aristocracia argentina:

PEDRO: *Ni disparar saben. Qué van a saber. No les da. Negros. Negros de porra. Usted me entiende lo que quiero decir: negros de la cabeza.* (101).

EMILITO: *Toda la indiada haciéndose revuelo con esta astracanada bolsheviki.* (87).

PEDRO: *El progreso es engañifa.* (121).

En *El niño argentino* la mirada de admiración hacia Europa (referente de la clase alta) o hacia la clase burguesa (aspiración de la clase baja), aparece como un obstáculo ante la problemática de la asunción de la propia identidad. Como puede advertirse, las obras de Kartun versan en todos los casos acerca de la construcción de la identidad y proponen una lectura de la sociedad argentina, de los vínculos sociales, los prejuicios y los conflictos clasistas.

En síntesis, podemos decir que los teatristas mencionados -no casualmente todos ellos autores y directores al mismo tiempo- otorgan una gran importancia a la palabra como instrumento de comunicación e incomunicación, como vehículo de notable densidad metafórica, irónica y paródica. Pero se trata de una palabra completamente atravesada y condicionada por los lenguajes no verbales de la escena, signos que, inevitablemente aparecen re- significados, en tanto resultado de una "perturbación recíproca entre el texto y la escena." (Lehmann, 2013).

Re-lecturas y re-significaciones

Como mencionamos en el capítulo anterior, luego del rechazo del texto se produce en los 90 y en la década del 2000, un retorno al texto recurriendo a modalidades y recursos dramatúrgicos distintos a los que regulaban la presencia de la palabra en el realismo ortodoxo. Otra de las modalidades en que el teatro retornó al texto fue la relectura y resignificación de textos de la dramaturgia universal considerados clásicos. En tanto un texto clásico es una "esponja" que "absorbe de un golpe todo nuestro tiempo contemporáneo" (Kott: 1969: 83)[1], la reescritura de los clásicos desde nuevos contextos de producción habla de nuestra propia realidad a partir de una mirada subjetiva dirigida, en la mayoría de los casos, a producir una ruptura con la narración convencional y con el modo en que tradicionalmente el "teatro serio" pone en escena a los clásicos. Un texto clásico es un texto que, a través de los años, resulta productivo y genera nuevos textos y nuevos sentidos para distintas sociedades y diversas épocas.

Entre el 2000 y el 2010 muchos dramaturgos y directores se han interesado en la adaptación[2] y reelaboración de textos dramáticos tradicionales, a partir de su propia poética y

---

[1] Jan Kott. *Apuntes sobre Shakespeare*. Barcelona: Seix Barral. 1969.
[2] Por "adaptación" entendemos "una versión dramática y/o espectacular de un texto fuente previo, reconocible y declarado, elaborada con la voluntad de aprovechar la entidad de dicho texto para implementar sobre ella cambiosde diferente calidad y cantidad. [...]". Jorge Dubatti. "Traducción y adaptación teatrales: deslinde", en, *El teatro laberinto. Ensayos sobre teatro argentino*. Buenos Aires: Atuel, 1999, (pp. 70).

sus particulares intereses ideológicos y estéticos. Entre ellos Griselda Gambaro, con *La Señora Macbeth* (2004), Eduardo Pavlovsky con *La gran marcha* (2003), adaptación de *Coriolano* de Willliam Shakespeare, Mauricio Kartun, que ha escrito sus versiones de *Los pequeños burgueses* de Máximo Gorki (2001), *El zoo de cristal* de Tenneesse Williams (2003) y *Romeo y Julieta*, de Shakespeare (2004). Rubén Szuchmacher presentó sus versiones de *Ifigenia en Áulide* (2000) y *Las troyanas* (2005), de Eurípides, *Enrique IV* (2005), de Luigi Pirandello, *Muerte de un viajante* (2007), de Arthur Miller, *Rey Lear* (2009), de Shakespeare. Alcanzaron también gran notoriedad las reescrituras de Daniel Veronese de textos chejovianos y los trabajos de Ricardo Bartís, Vivi Tellas, Ciro Zorzoli, Luis Cano y José María Muscari, entre muchos otros. Nos referiremos a algunos de ellos con el fin de confirmar la importancia de esta tendencia en el campo teatral porteño a lo largo de la década del 2000.

La casa de Bernarda Alba[3] de Federico García Lorca, dirigida por Vivi Tellas (2002), es uno de los tantos ejemplos en los que la re- lectura se produce básicamente a partir de los signos escénicos, que reconfiguran y modulan el texto. La escena recrea y sostiene, desde un nuevo mundo visual y simbólico, distinto al propuesto por el autor, sus mismas preocupaciones estéticas: el autoritarismo que

---

[3] *La casa de Bernarda Alba*. **Autor**: Federico García Lorca/ **Actuación**: Mirta Busnelli, Mausi Martínez, Muriel Santana, Livia Koppmann, Nya Quesada, Irene Grassi, Elena Tasisto, María Onetto, Andrea Garrote, Carolina Fal, Mariana Anghileri, Lucrecia Capello /**Escenografía:** Guillermo Kuitca/ **Dirección:** Vivi Tellas/ Teatro San Martín, 2002.

implica gobernar sin consenso, el terror que produce la ausencia de libertad, la hipocresía de un sistema despótico y encubridor. Uno de los rasgos más singulares de la puesta es la escenografía conceptual de Guillermo Kuitca, que roza el límite de la abstracción: paredes blancas y camas con sábanas también blancas, que crean un ambiente de frialdad y ascetismo y que contrastan con el vestuario negro que llevan las mujeres, de luto por el padre muerto. Las camas y las almohadas, lejos de estar vinculadas aquí con la idea de descanso, se asocian con el sofocamiento de los sueños, con la frustración de un deseo nunca concretado y, en definitiva, con la rutina de una vida que transcurre siempre igual a sí misma. Únicamente las rendijas de las paredes -por donde entran y salen los personajes- son el resquicio que permite entrever el mundo exterior. En pleno 2002 el drama lorquiano vuelve a tener eco en nuestro presente gritando similares injusticias. Así, Adela y Bernarda aparecen como metáforas de la Argentina del momento, la primera de ellas, muerta, a pesar de su juventud y potencial, la otra, enceguecida ante las evidencias que se ponen por delante.

Acorde a su estética y su ideología, Ricardo Bartís recupera y re-significa el pasado teatral argentino y rioplatense, revisando autores y procedimientos. Prueba de ello son las versiones libres de los clásicos que creara en la década del 90 -*Hamlet* (1991), *Muñeca* (1994) -adaptación de la pieza de Armando Discépolo-, *El corte* (1996)- creación colectiva basada en *El matadero*, de Esteban Echeverría- y *El pecado que no se puede nombrar* (1998) -sobre *Los siete locos* y *Los lanzallamas*, de Roberto Arlt-, y de los años

2000 -*Donde más duele* (2003- 2004) -basada en el mito del Don Juan- y *De mal en peor* (2005), intertextual con *Barranco abajo* y *En familia*, de Florencio Sánchez. Estas piezas pueden identificarse con el "teatro de resistencia" que, según Pellettieri (2000), expone su crítica a la cultura oficial, plasmada en una versión ambigua de la realidad social y, a nivel estético, en la deconstrucción de la puesta moderna para recuperar algunos de sus procedimientos. El teatro de Bartís presenta una interesante mezcla de lo nuestro -algunos elementos de nuestra tradición teatral popular- y lo ajeno, entre el discurso moderno y el intertexto posmoderno, aún cuando cuestione su nihilismo y su pesimismo.[4]

La refuncionalización del discurso moderno a partir de la supresión de las oposiciones estructura -contenido, realismo- formalismo, cultura alta- cultura popular, y la deconstrucción de la tradición, que revaloriza y resemantiza, no hace más que multiplicar los sentidos posibles de la historia dramática y su escenificación.

So obra *Donde más duele,* es una profunda reescritura del mito de Don Juan, el eterno seductor y amante ideado por Tirso de Molina y re- credo por grandes autores universales, en novelas, cuentos y poesías: Pedro Calderón de la Barca, Molière, Lord Byron, José de Espronceda, José Zorrilla, Charles Baudelaire, Guillaume Apollinaire, Azorín,. Federico Fellini, Leopoldo Marechal. Desde las claves estilísticas y temáticas de su poética, Bartís reubicó las situaciones clásicas de su vida en otros contextos. Los parlamentos que

---

[4] Como señala Pellettieri, el estreno de *Postales argentinas (*1988), de Bartís, con su contaminación textual y su concepto deconstructivo, marcó el advenimiento del intertexto posmoderno en nuestro teatro. (2001: 18).

puso en boca del protagonista y la inclusión de dos textos breves del Don Juan de Molière re- significan la historia del personaje arquetípico.

Bartís desmonta el mito proponiendo una condensación narrativa que implicó privilegiar sólo el núcleo temático original, aunque atravesado por la ironía y el sarcasmo: si Reynaldo fue, antaño, el exaltado amador de la leyenda que no respetó ni doncella ni viuda, hoy deambula por la casa como un fantasma prostático y decadente, condenado a regar las plantas y a soportar las mismas recriminaciones de siempre. En torno a ese núcleo, Bartís ubicó a tres figuras femeninas, de edades dispares. Son ellas las únicas que comprenden su deseo de eludir la decrepitud y morir joven, y procuran alargarle la vida y prever los detalles de su último instante. Bartís desplaza del centro de la escena al personaje masculino para ubicar en un primer plano a los personajes femeninos, que entablan una peculiar relación con él.

Como sucede indefectiblemente con todas sus obras, su poética de dirección -es decir los signos de la puesta en escena- terminan de configurar el texto, de definirlo. Texto y puesta constituyen las dos caras de un mismo proceso creativo. Así por ejemplo, en cuanto al espacio, atiborrado de objetos y muebles desvencijados, se prolonga hacia el fondo del escenario integrando también el patio por donde ingresa el público, detalle que aporta un halo de cotidianidad a la extravagante habitación que comparten las tres hermanas, en un ámbito donde ficción y realidad borran constantemente sus límites.

Por su parte, *De mal en peor. Homenaje a la literatura de Florencio Sánchez* dialoga con *Barranco abajo* y *En familia*, recreando especialmente su atmósfera. La literatura de Sánchez es en este caso un motivo inspirador, un estímulo, no hay en la puesta de Bartís fragmentos literarios de sus obras sino que toma de ellas elementos del imaginario rioplatense, estereotipos y núcleos profundos del comportamiento de los argentinos. Es importante recordar en este punto que, como afirma Pellettieri. (2001: 379).

> (...) en Sánchez lucharon dos principios constructivos: el del realismo finisecular – lo melodramático, lo sentimental -costumbrista nativista- y los modelos típicos del naturalismo y, a nivel semántico, las ideas propias de liberalismo oficial y su ideario anarquista, mas de una vez puesto en tela de juicio.

El autor uruguayo aparece mencionado, no sólo en el subtítulo de la pieza de Bartís, que explicita la voluntad de homenaje, sino también en el programa de mano, donde se dan a conocer datos biográficos y cronológicos de sus obras, y se alude a él como un "renovador singularísimo de la escena rioplatense, explorador de vanguardia y visionario."

La acción transcurre en Buenos Aires en mayo de 1910 y se articula en dos espacios: una sala museo y un cuarto de la casa de los Méndez Uriburu. El museo se encuentra poblado con objetos que aluden a la Campaña del Desierto y con algunas pertenencias de Marie Hellen Hutton, maestra que llegó a la Argentina traída por Sarmiento y que fue cautiva de los indios. Luego de recorrer el museo, los espectadores son invitados a pasar a otra habitación que, en contraste con este primer espacio, aparece despojada, con pocos elementos y signos de deterioro. La ubicación del público en la sala misma de la familia anula la distancia entre el ámbito del actor y el del espectador, al tiempo que, a nivel semántico, superpone la época de la ficción con el presente del espectador.

Las familias de clase alta Rocataglione y Méndez Uriburu viven los prolegómenos de su derrumbe económico y por ende social -debido a negocios fallidos, negligencias, juego-. Imposibilitados de llevar a cabo cualquier acción con el fin de evitar la ruina, apelan a factores externos: encontrar los bonos de la deuda que posee la maestra Hellen Hutton o casar a su hija con el influyente Doctor Ramos. Encerrados en sus conflictos, propios de la clase burguesa -el progreso, el dinero, el matrimonio- miran a través de la ventana la sucesión de hechos sociales y políticos, que les resultan totalmente ajenos e intimidantes: el contexto político de las manifestaciones obreras, la represión policial y los grupos nacionalistas son el marco en el que se desarrollan las situaciones familiares en vísperas del Centenario de la Revolución de Mayo. Eludiendo la asunción de su propia responsabilidad, los personajes culpan a las incipientes uniones de trabajadores por los cambios negativos y miran con desdén a la clase obrera.

La obra formula una fuerte crítica a la hipocresía de una clase social corrupta que, bajo una apariencia de recato y buenas relaciones oculta mentiras, traiciones, incestos. De hecho, la familia llega hasta el punto de entregar a su propia hija para pagar las deudas de juego y a maltratar a la maestra, tratándola como un objeto de museo:

La maestra/objeto es, para la familia, la última esperanza de salvación de la deuda. Un elemento de transacción comercial. La maestra como deuda interna del país remite a otras deudas externas (desaparecidos, exiliados, emigrantes). La deuda, en otra diseminación del sentido, la deuda externa. El país, como la familia, se endeuda y va "da mal en peor". Se superponen así lo social y lo familiar. El Estado se metamorfosea en la familia. (Sagaseta, 2007).[5]

Los personajes de Sánchez se encuentran atravesados por la parodia. Así Renata, que se muestra enferma, es una parodia de la hermana sana de Luisa en *Los derechos de la salud*. Otro personaje de la obra de Sánchez es el Doctor Ramos, un "bon vivant", que si bien no aparece en la obra de Bartís, su presencia se torna dominante por cuanto es el mayor acreedor de la familia y quien recibe en forma de pago a Inés Méndez Uriburu.

Bartís cambia el final pesimista de *En Familia* -donde no hay una solución a la pobreza y se apela a la justicia social- por un final en el que se localizan los bonos de la maestra custodiada y la familia recupera su forma de vivir anterior.

Este supuesto *final feliz,* indica la continuidad de un estado de cosas y trastoca el drama en epílogo patético por cuanto se indica de esta manera la ausencia de ley y la perpetuación de la clase corrupta, con su derroche y su falta de proyectos.

La tonalidad sepia que se imprime mediante la luz a

---

[5] Sagaseta, Julia Elena: *Teatro performático y mirada social. Sobre De mal en peor, de Ricardo Bartís.* www.territorioteatral.org.ar/revistadigital

toda la puesta guarda también relación con el período y, simultáneamente, recuerda los dispositivos fotográficos que hacían furor en la época. Este sentido adquiere mayor realce si se lo conecta con la interesante inclusión del cine dentro de la representación, en tanto era justamente a través de ese medio como el público conocía a los grandes actores de la escena nacional.

La Señora Macbeth, de Griselda Gambaro[6], es una reelaboración de *La tragedia de Macbeth*. Más allá de las citas directas a la obra de Shakepeare, la escritura de Gambaro mantiene una gran coherencia con el lenguaje del dramaturgo inglés, con el que establece una relación de continuidad.

El texto de Shakespeare está presente también en lo que hace a las terribles significaciones de la crueldad y su potencialidad desmedida, una vez desatada la sucesión de crímenes. Los conflictos de poder shakespereanos son, por cierto, universales: la mentira, la calumnia, la astucia, la traición, pero Gambaro altera los ejes de la tragedia, es en otro lugar donde la autora centra el mayor dramatismo: en los espacios motivadores de esas actitudes, es decir, en una posible extraescena. Así, si los crímenes de Macbeth se suponían incentivados por su mujer y por el maleficio de las brujas, Gambaro invierte el foco y vuelve a repartir las culpas. Si Shakespeare pone el acento en la ambición compartida, Gambaro se concentra en el devenir dramático del personaje femenino, con la variante

---

[6] *La Señora Macbeth*. Autora: Griselda Gambaro/ **Actuación**: Cristina Banegas, Alfredo Allende, Susana Brussa, Armenia Martínez, Damián Moroni, Corina Romero/ Vestuario: Magda Banach/ **Iluminación**: Leandra Rodríguez, Nacho Riveros/ **Dirección**: Pompeyo Audivert/ Centro Cultural de la Cooperación, 2004.

de que no es tanto su ambición por el poder lo que la mueve, sino su amor desmedido y ciego por Macbeth. En este contexto, en que los atributos de lo masculino y lo femenino aparecen trastocados, el poder se asocia con la seducción y el erotismo. De allí que la señora asume los intereses de su marido como los suyos propios, y son las palabras de Macbeth, ausente, las que la habitan y la movilizan, hasta el punto en que ella se encuentra imposibilitada de elaborar un pensamiento y un lenguaje propios. Sin embargo, Gambaro se encarga de dejar vislumbrar la lucha interna del personaje, que se debate entre rebelarse y expresar sus ideas, o sofocarlas, convirtiéndose una y otra vez en portavoz de Macbeth.

En esta fase creativa de la autora, los conflictos de los personajes se convierten en conflictos de conciencia, los fantasmas ya no están en el exterior sino dentro de los mismos sujetos. Y es justamente esta lucha interna la que permite leer el profundo cuestionamiento al rol sumiso de la mujer, sujeta a la ideología patriarcal.

La trayectoria dramática de la protagonista, Lady Macbeth, está acompañada, en un juego de paralelismos y simetrías, por las tres brujas, que emulan al coro griego, que se ocupan de servir y, muchas veces, de justificar los crímenes o de impugnar los poderes en nombre de la justicia y la memoria. La lectura metafórica sobre el lugar de la mujer en la sociedad da un nuevo giro cuando, al final de la obra, las brujas auguran la llegada de otras mujeres dispuestas a pensar y a actuar por sí mismas. Pero no son sólo las brujas las que canalizan la rebelión femenina, sino el propio gesto de Lady Macbeth, quien reconoce su ceguera, se horroriza ante la muerte de los niños y se arrepiente.

En la puesta, dirigida por Pompeyo Audivert, la armonización de los signos responde a un criterio de despojamiento y, a la vez, de significaciones múltiples. Un ancho haz de luz en la pared y el piso conforma el espacio escénico, que aúna a actores y público en la oscuridad. La música en vivo refuerza el sentido poético y trágico, mientras que el vestuario desajusta los tiempos, generando la ambigüedad necesaria para no anclarse en ninguna situación de abuso de poder concreta, si no más bien universalizarla.

En *Hamlet, de William Shakespeare* (2004)[7], Luis Cano propone una verdadera deconstrucción de la célebre pieza shakespereana. Su versión libre[8] aparece como un exponente del "teatro posdramático" (Lehmann, 2013) por cuanto, tras la destrucción de la lógica aristotélica, se plantea una nueva lógica de ordenamiento que privilegia el nivel poético, el gesto metateatral y la materialidad de la comunicación. Como señala Lehmann, en este tipo de teatro "no dramático", desaparecen los principios de narración y figuración, así como también el orden de una fábula, para alcanzar una

---

[7] *Hamlet de William Shakespeare*. **Autor**: Luis Cano/ **Actuación**: Mariel Álvarez, Guillermo Angelleli, Guillermo Arengo, Fernando Rubio, Marcelo Subiotto, Norberto Laino, Blas Arrese Igor, Luis Herrera, Osmar Núñez, Marta Lubos, Horacio Marassi, León Dogodny, Ricardo Díaz Mourelle/ Música: Grupo Experimenta/ Escenografía: Norberto Laino/ Vestuario: Mirta Liñeiro/ **Iluminación:** Alejandro Le Roux/ **Dirección**: Emilio García Whebi/ Teatro Sarmiento, 2004.

[8] La versión libre implica una serie de cambios importantes, estructurales, del texto base. Presenta, por lo tanto, un menor grado de "fidelidad" al texto original que la adaptación. Es una reescritura que genera una nueva obra, completamente distinta, en la que el texto base puede haber operado únicamente como una fuente de inspiración. Los cambios pueden darse en distintos niveles, además de los parlamentos: la estructura dramática, la atmósfera, los valores ideológicos.

"autonomía de lenguajes." La estética de la desmesura, la fragmentación y la heterogeneidad de estilos son rasgos de la poética escritural de Luis Cano, condensada en esta puesta. Asimismo, aparece como un procedimiento compositivo privilegiado el uso de la tecnología como expresión artística. La reversión de las convenciones dramáticas tradicionales contribuye a hacer estallar la lógica del personaje y de los sentidos unívocos, para dar lugar a lo que podríamos llamar una "lógica de los cuerpos." Se trata, en palabras de Lehmann, de "la presencia auténtica de cada uno de los actores, que no aparecen como meros portadores de una intención externa a ellos, derivada del texto o la dirección", sino que "actúan en un marco que pre- determina su propia lógica corporal: impulsos ocultos, dinámica energética y mecánica del cuerpo y de la motricidad." (Lehmann, 2013: 57).

En la década que nos ocupa, Daniel Veronese explora una veta -que ya había iniciado con trabajos aislados de adaptación- sumamente interesante en su trayectoria como director: la recuperación y resignificación de textos clásicos de la historia del teatro universal. El teatrista estrena una serie de puestas en las que configura nuevos tópicos y constantes estilísticas que redefinen su poética y sus intereses estéticos: *Un hombre que se ahoga* (2004) basada en *Tres hermanas*, de Anton Chejov, *Espía a una mujer que se mata* (2006) a partir de *Tío Vania*, del mismo autor, *El desarrollo de la civilización venidera*, relectura de *Casa de muñecas*, de Henrik Ibsen y *Todos los grandes gobiernos han evitado el teatro íntimo,* versión de Hedda Gabler, ambas de 2009.

Refiriéndose a la escritura de Chejov, Raymond Williams

habla de una "poderosa creación de una posición de estancamiento" (1997: 131)[9], que evoca los momentos de crisis, contradicciones y zonas oscuras del orden burgués de su tiempo. Su teatro es, tal como lo define Williams, la descripción de un "grupo como víctima" de un "grupo negativo" que carece de una identidad efectiva, una "multitud de extraños" cuyo verdadero conflicto es la incapacidad de comunicarse. Esta "comunicación de los límites de la comunicación" se manifiesta en la creación de vínculos superficiales entre los sujetos, definidos paradójicamente a partir de una verbalización exacerbada, que disimula u oculta los verdaderos sentimientos. Y es justamente el procedimiento de la trivialidad deliberada[10] el que pone en evidencia un "lenguaje disolvente" (Williams) que, lejos de establecer vínculos con el otro, aísla a los personajes en sí mismos.

En el caso de *Un hombre que se ahoga*[11] puede decirse

---

[9] Raymond Williams. *La política del Modernismo*. Contra los nuevos conformismos. Buenos Aires: Manantial, 1997.

[10] La trivialidad deliberada es un procedimiento paradigmático de la poética chejoviana y, por extensión, del realismo teatral: los personajes hablan constantemente de cosas irrelevantes, hablan "sin decir nada", ocultando sus verdaderos conflictos y evitando establecer lazos de comunicación profundos con los demás. Este procedimiento genera situaciones que, aparentemente, carecen de relevancia dramática pero que conducen a encuentros personales en los que los personajes se "desenmascaran" y aclaran sus posiciones. Sin embargo, los personajes de Chejov utilizan este recurso con la finalidad contraria: eludir los encuentros personales.

[11] *Un hombre que se ahoga*. *Autor*: Daniel Veronese, sobre textos de Anton Chejov/ **Actuación**: Claudio Dapassano. Malena Figó, Ana Garibaldi, María Figueras, Adriana Ferrer, Marta Lubos, Fernando Llosa, Pablo Messiez, Elvira Onetto, Silvina Sabater, Luciano Suardi, Claudio Tolcachir/ **Diseño de luces**: Gonzalo Córdova/ **Diseño de escenografía**: Daniel Veronese/ **Dirección**: Daniel Veronese/ Camarín de las Musas. 2004.

que, en principio, se conserva el gesto naturalista chejoviano: la exclusión de toda forma afectada, falsa o melodramática, lo que redunda en una sensación de organicidad, que se desprende especialmente de la poética de actuación y de la generación de un efecto de verosimilitud, que aparece reforzado por recursos poco habituales para las convenciones teatrales- tales como el no vestuario -los actores utilizan ropa de calle- y la no iluminación -luz neutra en las representaciones nocturnas y natural en las diurnas-.

Si bien en la puesta se mantienen los encuentros personales y los diálogos triviales y se conservan algunos niveles de prehistoria, hay una serie de cortes, supresiones, cambios y elipsis -no coincidentes con las elipsis propuestas por Chejov- que atentan contra la morosidad, la monotonía y la densidad que Chejov exige, vinculadas con el "tedio provinciano" y contra la gradación de conflictos propia de la poética realista.

Los rasgos chejovianos de la puesta, que se mantienen únicamente en la superficie, generan un "falso ilusionismo" y contrastan con ciertos elementos teatralistas que intentan opacar los sentidos del texto original. Tanto la resignificación del subtexto como la limitación de lo indicial producen el pasaje de lo que en Chejov es "acción indirecta" (en el sentido que le da Brustein es decir, una acción superficial que oculta un sentido profundo) hacia la "acción directa", o sea, una acción que aparece parcialmente desvinculada del sentido profundo del texto y que se presentan como "pura acción".

Un ejemplo notable en este sentido es el tratamiento del personaje de Natasha. En *Tres hermanas* Natasha es una "villana deliberada", que hace progresar la acción y avanza por sobre la pasividad de Andrei y sus hermanas, adueñándose paulatinamente de la casa, lo cual es emblema de la disolución de la familia y de toda una forma de vida.[12] Esto que, en el texto de Chejov, se da a lo largo de un proceso que señala, por un lado, la progresiva transformación de Natasha y, por otro lado, la degradación de la familia, es apenas esbozado por Veronese en dos imágenes del antes y el después del personaje.

Podemos decir entonces que la puesta de Veronese se constituye en una parodia a Chejov en particular y, de algún modo, al realismo en general. Esta parodia, que es al mismo tiempo voluntad polémica, se genera en parte a través de algunas transgresiones más o menos evidentes, como la inversión de género (los personajes femeninos son interpretados por hombres que se visten y actúan como tales, y viceversa), la limitación de la densidad poética y metafórica del discurso de los personajes, las escenas de sexo y de violencia y ciertos insertos humorísticos (muchas veces generados por la mencionada inversión de género). Sin embargo creemos que lo que realmente determina la parodia es la disolución del relato: Veronese realiza un verdadero trabajo de montaje con fragmentos del texto original,

---

[12] Como expresa Brustein (1970: 171), las obras tardías de Chejov se conforman a partir del mismo modelo: el conflicto entre un explotador y sus víctimas; al tiempo que la acción sigue el mismo desarrollo dramático: el gradual despojamiento de las víctimas de sus legítimas herencias. Estos actos de despojamiento están simbolizados por una imagen central que representa o metaforiza aquello que se despoja, hurta o destruye, en *Tres hermanas* el núcleo semántico fundamental aparece condensado en la imagen de la casa de los Prozorov.

juntando escenas, estableciendo cortes y alterando el orden de algunas secuencias, lo cual contrasta irónicamente con esa atmósfera chejoviana generada desde la actuación.

Para ilustrar el multifacético trabajo productivo de Veronese, aludiremos brevemente a otro trabajo de adaptación realizado en el mismo período: *Un tranvía llamado deseo*[13], relectura del texto de Tennessee Williams presentado en el circuito comercial. Esta versión se basa de manera casi ortodoxa en el texto original y dialoga también con elementos de la película de Elia Kazan, más allá de la condensación de ciertas escenas y parlamentos, y de la supresión de algunos personajes secundarios, como la Negra y la Mexicana.

Así, mientras en las adaptaciones de los textos chejovianos se percibe un predominio del teatro entendido como hecho lúdico -concepción que caracteriza a las expresiones del teatro de la desintegración- en el caso de *Un tranvía llamado deseo* y sin duda condicionado por las características de la escena comercial, se vislumbra la creencia en el teatro como forma de conocimiento, al servicio del texto, como posibilidad de vincularse con zonas (ya sean tópicos, procedimientos actorales o estructuras de sentimiento) arraigadas en una cultura globalizada. Se verifica entonces una evidente limitación de la metáfora y un acercamiento

---

[13] *Un tranvía llamado deseo*. **Autor:** Tennessee Willimas/ **Adaptación:** Daniel Veronese/ **Actuación:** Paola Barrientos, Diego Peretti, Erica Rivas, Guillermo Arengo, Guido Botto Fiora, Beatriz Dellacasa, Paula Ituriza, Martin Policastro, Gonzalo Martínez/ **Escenografía:** Jorge Ferrari/ **Iluminación:** Eli Sirlin /**Vestuario:** Gabriela Pietranera/ **Dirección:** Daniel Veronese/ Teatro Apolo, 2011.

del texto al contexto de producción actual únicamente en lo concerniente a su poética, pero no de un modo referencial, en tanto, más allá de las resonancias que el espectador pueda encontrar en este sentido, no se pretende hablar de un modo directo de la sociedad argentina de hoy.

De hecho, los rasgos inconfundibles que definieron la marca autoral y directorial de Veronese desde su ingreso al campo a comienzos de la democracia, se encuentran ausentes en esta obra: la dimensión metateatral y paródica, la referencia contextual indirecta, la voluntaria oscuridad de los signos y, básicamente, su apertura a una semántica plural que buscaba desestabilizar al espectador e impulsarlo a crear sus propios sentidos.

Acaso las únicas constantes que aparecen revalorizadas en este caso puntual sean la generación de una atmósfera opresiva y de una extraescena inquietante, puestas al servicio de fines vinculados estrictamente con la trama -en este caso el surgimiento de lo siniestro: la locura de Blanche-, renunciado a toda voluntad paródica, metateatral y referencial.

Estado de ira[14] (2010), de Ciro Zorzoli, es una versión libre de *Hedda Gabler*, de Henrik Ibsen. Zorzoli toma algunos fragmentos literales de la pieza original pero "interviene" la obra con la irrupción del presente de los actores. Esta operación produce un interesante trabajo con

---

[14] *Estado de ira*. **Autor y Directo**r: Ciro Zorzoli/ **Actuación**: Paola Barrientos, Pablo Castronovo, Carlos Defeo, Marina Fantini, Vanesa Maja, Cecilia Meijide, Dalila Romero, Diego Rosental, Marìa Inés Sancerni, Gabriel Urbani y Diego Velázquez/ **Escenografìa y vestuario**: Oria Puppo/ **Iluminación:** Eli Sirlin/ Teatro Sarmiento, 2010.

tres temporalidades distintas: la época de la ficción (fines del siglo XIX), la de los actores (mitad del siglo XX) y la de los espectadores. La obra escenifica el entrenamiento de una actriz que debe representar el personaje protagónico, para lo cual se somete a un grupo de "entrenadores escénicos" que poseen todas las características atribuidas a los empleados de las administraciones públicas y, como tales, desestiman el aspecto artístico del teatro, poniendo en primer plano su aspecto burocrático. Este entrenamiento actoral se interrumpe constantemente por distintos incidentes: el almuerzo, la búsqueda de objetos, distintos anuncios, conversaciones telefónicas, urgencias domésticas.

El espacio se articula en dos ámbitos escenográficos bien delimitados y justificados dramáticamente: el foro y el proscenio, en cada uno de ellos se desempeñan, respectivamente, los personajes de Ibsen y los actores que los interpretan. La iluminación y el vestuario van cambiando también a lo largo de la puesta, reafirmando la idea de esos dos ámbitos- tiempos diferentes. Del mismo modo, la alternancia de dos estéticas y dos modelos actorales acentúa los evidentes rasgos de autorreferencialidad presentes en todo el mecanismo escénico.

La interacción entre espacios y tiempos distintos se convierte en uno de los principios constructivos de la puesta y se erige como una de las características particulares del teatro alternativo de la década del 2000, ya que remite a la multiplicidad de sentidos instalados entre lo autorreferencial de los textos espectaculares y lo intertextual de las apropiaciones complejas de los espectadores de hoy.

El texto de Zorzoli intenta "abismar" se propia práctica de escritura a partir del recurso del teatro en el teatro, por medio del cual la obra interna reproduce el tema del juego teatral, de modo que el vínculo entre las dos estructuras resulta analógico y, por momentos, paródico.

Otro trabajo de re- escritura, que responde a intereses estilísticos diversos y a una poética propia, es *Electra Shock*[15], de José María Muscari. Se trata de una versión libre de *Electra,* de Sófocles, que indaga en la tragedia como género y refuncionaliza sus procedimientos. Como toda apropiación y re- significación de un texto clásico, responde a complejos procesos de reescritura que producen una diversificación de los sentidos a partir de su contacto con nuevos contextos.

La característica más notable de esta obra es, justamente, la peculiar conjunción entre la poética trágica y la escritura dramática y escénica de Muscari. Dos códigos que, por cierto, resultan antagónicos, aunque en realidad no lo sean tanto si pensamos en que el decoro y el equilibrio sofócleos -al menos en su forma- ocultan una desmesura que Muscari explota y lleva también al nivel formal. Como sostiene Bajtín (1986: 270)[16], los artificios paródicos transgreden el referente -en este caso, el modelo de la tragedia clásica- en tanto se apropian de sus convenciones y las hacen

---

[15] *Electra Shock.* **Autor y Director:** José María Muscari/ **Actuación:** Horacio Acosta, Laura Espíndola, Carolina Fal, Stella Galazzi, Mercedes Scápola Morán, Martín Urbaneja, Julieta Vallina/ **Vestuario:** Cristian Morales/ **Iluminación:** Marcelo Álvarez/ **Escenografía:** Graffiti Laif/ Centro Cultural Kónex, 2005.

[16] Mijail Bajtin. *Problemas de la poética de Dostoievski*. México: Fondo de Cultura Económica, 1986.

estallar otorgándoles una orientación ajena, que responde a propósitos diversos de los de la textualidad parodiada.

En efecto, la versión de Muscari implicó la deconstrucción del texto fuente, del cual se mantienen las situaciones dramáticas básicas, aunque se agregan una serie de acciones físicas y nuevos parlamentos que las reformulan. Los conflictos fundamentales aparecen en la piel de nuevos personajes: una *cowgirl* y su tío-padrastro. Así, la tragedia se adapta a un proceso de *aggiornamiento* que la convierte en una suerte de "ópera rock" -como la define su propio director- por medio de música electrónica, un coro moderno, acciones que se suceden vertiginosamente, de la fragmentación y la evidenciación de los artificios. Una estética de la desmesura que, como dijimos, aniquila la moderación y la concepción griega de la *soproshyne*. El texto de Sófocles queda, entonces, atravesado por un clima dionisíaco generado por los cuerpos en movimiento y en permanente seducción.

Se trata de la puesta en escena de una puesta en escena, un ejercicio de transgresión de los límites entre realidad y ficción -lo cual constituye una de las marcas más reconocibles de la poética muscariana- comenzando con la primera didascalia del texto: *"En la entrada de los espectadores se ve a los integrantes del coro bailando una coreografía mientras se proyectan diapositivas con una sinopsis de sus currículums como actores"*. Procedimiento que emerge constantemente a lo largo de la obra, por cuanto los personajes desdibujan una y otra vez esas fronteras. Así, por ejemplo, Egisto expresa a Clitemnestra: *"Un par de escenas y entro mi amor, soy un personaje chico."*

Del mismo modo si, en ocasiones, el coro observa los

acontecimientos y los comenta, en otros momentos se erige como artificio teatral y se convierte en la voz del director, que da indicaciones a los actores acerca de su ubicación en escena y el tono de sus parlamentos. La transgresión a las funciones del coro clásico lo convierte en un vehículo de reglas y normas teatrales, contribuyendo a subrayar la confrontación irónica entre la atmósfera trágica y el relato fragmentado y "modernizado" de *Electra Shock*.

Otra manera de salir de la ficción o, más bien, de generar nuevas dimensiones ficcionales es la operación de remitir -a través de citas, de la reiteración de tópicos o procedimientos compositivos- a piezas anteriores de Muscari, como así también la referencia permanente al entorno real (La Cuidad Cultural Konex, el Centro Cultural San Martín, el Cementerio de la Chacarita), sin olvidar las alusiones irónicas al género clásico:

> CLITEMNESTRA: *Tragedia, tragedia es un género que tenía sentido en un tiempo donde había reglas, hoy está todo desmembrado y es imposible pretender unir los fragmentos.*

Las palabras del personaje nos remiten indefectiblemente a los modos de comportamiento en la sociedad actual. Aún cuando respondan también a la necesidad del espectador moderno, al que aludía Brecht cuando señalaba que éste "no desea ser tutelado ni violentado (por medio de todos los estados afectivos posibles) sino que quiere simplemente obtener material humano para ordenarlo *por sí mismo.*" (Brecht: 1983: 2).

Teatro y otras artes

En *El giro cultural* Frederic Jameson considera al posmodernismo como un concepto periodizador -además de una categoría cultural-, que permite correlacionar la aparición de nuevos rasgos formales en la cultura con la de un nuevo tipo de vida social y un nuevo orden económico, y menciona, como una de sus características más notables, la desaparición de ciertos límites claves, la erosión de la antigua distinción ente la cultura superior y la cultura de masas y entre el arte elevado y las formas comerciales. (1999: 15-38). Por su parte, Gilles Lipovetsky y Jean Serroy afirman:

> La profusión, que siempre ha sido uno de los grandes principios del barroco, quiere reflejar hoy un mundo que por su lado se ha vuelto desmedido, hinchado, hipertrófico, como expresiones de la demasía: lo exagerado, lo hiperbólico, lo múltiple, lo sobreabundante, lo desbordante, lo excesivo. (2009: 82).

En este mundo "hipertrófico" las expresiones artísticas fusionan los medios tradicionales con las tecnologías digito- electro- informáticas. En ellas convergen instalaciones multimedia, arte interactivo, video arte y media performances, formatos generadores de una realidad virtual que se amalgaman con el aquí y ahora del evento teatral. En la cultura hipermoderna "incluso las fases de la vida han entrado en una dinámica de destradicionalización, de desregulación, de redefinición social y subjetiva." (Lipovetsky -Serroy, 2009: 109).

Como parte de este proceso de borramiento de límites entre las disciplinas artísticas, que ya no responden a una norma uniformadora, desde la década del 90 nuestro campo teatral se define también a partir del desdibujamiento de las fronteras entre los distintos circuitos teatrales, del cruce de géneros, códigos y técnicas artísticas.

En la búsqueda de nuevos paradigmas son innumerables, en el teatro porteño de la década del 2000, las puestas en escena que incorporan procedimientos compositivos y elementos estilísticos propios de otras artes para configurar poéticas escénicas que establecen una relación fluida con el cine, la danza, la plástica y la música. Sin embargo, en la mayoría de los casos, lejos de aparecer como disciplinas subsidiarias, estas artes conforman un verdadero espacio de sentido, una dramaturgia dentro de la puesta en escena.

Las fusiones no son, por supuesto, rasgos excluyentes de estos tiempos, sino que cuentan con célebres antecedentes: baste mencionar las propuestas vanguardistas del futurismo italiano, el constructivismo y el simbolismo, el concepto de "obra total" propuesto por Richard Wagner -que implicaba la integración de distintas artes en una misma obra-, la idea de "obra orgánica" concebida por Adolphe Appia o, posteriormente, los trabajos de los maestros de la Bauhaus -entre ellos Walter Groppius- que establecían constantes relaciones entre teatro y arquitectura.

Acentuado sin duda por el avance de las teconologías y de las nuevas formas de comunicación, actualmente la mezcla de disciplinas, formatos y técnicas artísticas constituye un fenómeno usual. Resulta fundamental en este sentido tener en cuenta el hecho de que la visión simultánea y la percepción multiperspectivista prima por sobre a la sucesiva y lineal: "Una percepción más superficial y, al mismo tiempo, más abarcadora ocupa el lugar de otra más centrada y profunda, que es la lectura del texto literario", por lo cual "debido a la presión que el estímulo de la unión de dos fuerzas -rapidez y superficialidad- ejerce en el discurso teatral, éste se emancipa del discurso literario." (Lehmann, 2013: 27).

Sin embargo, el factor del que no puede emanciparse el teatro, y que constituye su carácer escencial, es la materialidad de la comunicación -en oposición a la virtualidad y la inmaterialidad de las nuevas tecnologías y las comunicaciones-, en el contexto de una relación directa y viva entre actor y espectador.

En lo que hace a nuestra escena específicamente, mencionaremos algunos ejemplos puntuales en que el teatro retoma elementos provenientes de otras artes -ya sea a nivel formal, estilístico o semántico-, que tienen el valor de aparecer como representativos de estas tendencias teatrales y que, por lo tanto, resultan significativos a la hora de analizar las poéticas vigentes.

Teatro y artes plásticas

Señala Pedro Sedlinsky -autor de *La mano en el frasco, en la caja, en el tren*[1] (2000), que la estructura dramática de

---

[1] *La mano en el frasco en la caja en el tren*. **Autor:** Pedro Seldinzky/ **Dirección:** Roberto Castro/ Actuación: Diego Peretti, Roberto Castro, Mariana

la obra le fue sugerida por los trípticos del pintor Francis Bacon, por lo cual el número tres aparece como una suerte de *leit motiv* a lo largo de la trama: tres personajes, desarrollo temporal en tres días, fragmentación del relato en tres partes. La puesta incorpora una serie de obras plásticas de Edward Hoopper, que favorecen la pluralidad de sentidos. Una tela transparente divide la escena del ámbito de los espectadores, metaforizando la imagen de los pasajeros de un tren que contemplan el paisaje desde la ventanilla.

La escenografía y el tiempo ficcional refuerzan la dimensión intertextual con la pintura de Hooper, especialmente la de los años 40, que expone ciertas simetrías entre la naturaleza (implícita en la extraescena) y la civilización (el interior del tren). Esta dualidad se traslada también a la construcción de los personajes, que muestran una cara civilizada para alcanzar objetivos deshumanizados, por cuanto todos entablan una relación simbiótica de poder. La pieza propone una crítica a la "cacería de mujeres" y, en definitiva, al prejuicio que estigmatiza a la mujer como una presa codiciada. En este sentido, el trofeo -la mano en formol de la víctima- constituye uno de los pocos niveles de parodia de la relación hombre- mujer, plasmando el eufemismo tradicional de la obtención de la mano de la mujer. Aparece entonces claramente la intención de la tesis: poner en evidencia, a través de las víctimas, el alcance y la extensión de las políticas de sometimiento. Es en pos del mismo objetivo que la obra incluye la aparición repentina de un tercer personaje, la camarera del tren, para plantear la asociación entre la mujer mutilada

---

Arias/ **Música**: Edgardo Rudnitzky/ Escenografía: Jorge Ferrari/ **Iluminación**: Ely Sirlin/ Babilonia, 2000.

-ausente, pero representada metonímicamente por medio de su mano- y una posible nueva víctima.

En *Paisaje después de la batalla*[2] (2009), obra de Ariel Barchilón dirigida por Mónica Viñao, las artes plásticas cobran fundamental importancia, no sólo en lo semántico y formal -por el cuadro que ocupa el centro de la escena y condensa simbólicamente la temática de la pieza -sino también a nivel teórico y filosófico, por cuanto la pieza abreva en un debate cultural siempre vigente: la relación entre el arte y el poder. La imagen central a la que hacíamos referencia, pintada en el piso, cobra relieve cuando, desde el dispositivo escénico, se presentan fuertes contrastes que remedan el dinamismo de la estética del pintor decimonónico Juan Manuel Blánez.

La trama transcurre en el litoral durante las guerras civiles desarrolladas entre 1828 y 1852 y se presenta como una alegoría de la historia del Estado Nación y de la producción estética, entendida como un instrumento clave en la consolidación de las identidades.

El General Dalmacio Cáceres, caudillo federal, ve cómo se derrumba su juego político, basado en el autoritarismo y la violencia, en una contundente derrota. Al igual que en otras oportunidades Cáceres encarga a Blánes, su pintor personal, una obra que lo muestre triunfador en las batallas. Sin embargo, el artista se rebela y presagia la derrota del

---

[2] *Paisaje después de la batalla.* **Autor**: Ariel Barchilón/ **Directora**: Mónica Viñao/ Actuación: Daniel Fanego, Analía Couceyro, Rodrigo Pedreira, Silvia Dietrich, Néstor Sánchez, Jorge Rod, Juan Ignacio Bianco y Carlos La Casa/ Teatro General San Martín, 2009.

caudillo, hecho que desencadena el conflicto y conduce a la reacción desmesurada de Cáceres. El pintor sostiene que el arte debe rebelarse ante el poder y convertirse en herramienta de lucha contra el autoritarismo. En esa disyuntiva, la pieza esboza una posible respuesta en el reclamo de autonomía por parte del campo artístico. En efecto, el creador se defiende de la presión política y del ejercicio de un poder violento y coercitivo, que pretende influir sobre el arte con sus intereses extra- artísticos. En el mismo sentido, se propone una reflexión acerca del tema del arte como imitación de la naturaleza y de su emancipación de la voluntad del artista.

Por su parte, no sólo la plástica, sino también los medios masivos constituyen soportes fundamentales de *Titulares. La voz del pueblo*[3] (2009), tanto desde lo temático como desde lo formal. Se escenifica la vida de Natalio Botana[4], director del *Diario Crítica*, que revolucionó la prensa argentina en la década del 30 por cuanto ejerció un nuevo estilo de periodismo: sensacionalista, popular, focalizado en la cultura de masas. *Crítica* canalizaba la voluntad de Botana de acercarse a las inquietudes del pueblo, aún a costa de manipular sus intereses.

La puesta alterna entre dos espacios: la oficina de redac-

---

[3] *Titulares La voz del pueblo*. **Autor:** Bernardo Carey./ **Actuación:** Pablo Alvarenga, Alejandro Awada, Rubén Ballester, Cutuli, Mónica D´Agostino, Carlos Da Silva, Emiliano Dionisi, Juan Manuel Fernández Ariza, Mariano Fernández, Pedro Ferraro, María Celeste Gerez, Mónica Lerner, María Milessi, Pablo Razuk, Nelson Rueda, Pablo Sciolini, Naanim Timoyko, Manuel Vicente, Ana Yovino/ **Vestuario**: Nené Murúa/ **Escenografía:** Héctor Calmet/ **Iluminación:** Ernesto Diz/ Música: Luis María Serra/ **Dirección**: José María Paolantonio/ Teatro Presidente Alvear, 2009.

[4] La ficcionalización de vidas reales fue una tendencia consolidada en los años 2000, como puede verse en el capítulo La realidad ficcionalizada, de este libro.

ción del diario y la casa de Botana, mientras que la extraescena adquiere un peso fundamental a partir de las constantes alusiones al Buenos Aires de la época. Las distintas notas cotidianas de periódicos, radio y televisión constituyen registros históricos que definen el aspecto referencial de la puesta e informan sobre la instalación, en la quinta de Botana, del mural *Experimento Plástico*, de David Alfredo Siqueiros, a quien el crítico había encomendado la obra. Asimismo, la utilización de soportes no convencionales, como videos y sobreimpresiones cinematográficas, proyectan una dimensión de actualidad en el relato. La principal estrategia compositiva de la escena es, justamente, la mostración del proceso de construcción de la realidad, propio de la tarea periodística. Sin embargo, se deja en claro que el poder de los medios y la presión que ejercen sobre el receptor no logran coartar completamente la liberad de interpretación del lector- espectador. Si bien este cariz es portador de una carga de ambigüedad, el resto de los elementos escénicos contribuyen a reforzar la tesis realista.

Otro modo de vincular al teatro con las artes plásticas puede observarse en la *Heptalogía de Hieronymus Bosch* de Rafael Spregelburd. Tomando como punto de partida la *Rueda de los pecados capitales* del pintor holandés Heronymus Bosch (el Bosco), Spregelburd crea su propia jerarquía de nuevos pecados, acorde a la época en que vivimos. Integran la *Heptalogía: La inapetencia, La extravagancia, La modestia, La paranoia, La estupidez, El pánico* y *La terquedad*.

En *Apátrida, doscientos años y unos meses*[5] (2010),

---

[5] *Apátrida* se estrena en agosto de 2010 como work in process, teatro semimontado, en el Auditorio Goethe Institute Buenos Aires. La obra se repone

el director propone la representación teatral de un debate periodístico: la polémica entre dos pintores. Sin tomar partido por ninguno de ellos, la pieza expone las razones de ambos y abre, entonces, la posibilidad de identificación del espectador con cualquiera de los dos personajes.

Spregelburd recupera diversos géneros y tecnologías para acercarse a un momento fundante del pasado, apelando al mismo tiempo a que la tensión que representa el duelo se proyecte en el presente. En este sentido la espacialización se configura a partir de una serie de objetos tecnológicos, representativos de formas de reproducción y amplificación de sonidos y palabras. En el sector izquierdo del escenario, una instalación constituida por instrumentos artesanales y otros tecnológicos -ejecutados por Zypce-, se erige como el ámbito particular de la música.

Luego de formarse en Europa, un grupo de pintores argentinos comandados por el pintor y crítico Eduardo Schiaffino, pretende fundar un arte argentino. El nacionalismo de Schiaffino se ve crispado por los cuestionamientos de Auzón, crítico y pintor español, que ironiza acerca de la profusión de retratos de Juan Moreira, tomado como ícono de la argentinidad, a partir del cual los pintores vernáculos pretenden instaurar una estética nacional. La conformación de un patrimonio simbólico propio en el momento de constitución de un Estado moderno da pie históricamente al debate sobre el rol del arte en la conformación de la identidad colectiva.

Así, mientras Schiaffino considera que *"el Arte fundará una Patria"*. (2011: 163)[6], para el crítico español: *"el arte*

en marzo de 2011 en El Extranjero

[6] Spregelburd, Rafael, 2011. T*odo. Apátrida, doscientos años unos meses.*

no tiene nacionalidad, sino una patria universal que es el mundo" (2011: 151). Por su parte, Auzón defiende la idea de una poética plural, de identidades múltiples, préstamos, co- producciones, fusiones y mestizaje: *"¿Qué es el arte argentino? ¿Hay tal cosa? (....) ¿Y quién decidirá cuáles serán significativas expresiones y cuáles -por no significar- no serán tampoco -entonces- argentinas?"* (2011: 164). Mientras que Schaffino alude al *"dolor agónico de tratar de retratar en cada obra, en cada gesto, en cada palabra intercambiada con colegas extranjeros cómo es ese lugar del que venimos."* (2011: 24).

La discusión se desarrolla en un momento en que las vanguardias europeas plantean un profundo cuestionamiento a las formas representativas del arte, en el dinamismo de un contexto de invención y desarrollo de las tecnologías de reproducción y comunicación que aceleran las transformaciones en los modos de ver, sentir y vivir en sociedad.

Los temas planteados suponen un nivel de autorreferencialidad: la función del arte y de la crítica, su lugar en la conformación de la identidad, la relación entre el arte y la política, la cultura como comercio o como actividad desinteresada, la relación entre lo global y lo local en la obra artística.

Teatro y cine

Como parte de su *Heptalogía, La paranoia*[7] -una "come-

Envidia. Buenos Aires: Atuel
[7] *La paranoia: Dramaturgia y Dirección*: Rafael Spregelburd/ **Elenco:** An-

dia de ciencia ficción", como el mismo director la define- parte de una constante en su poética: la alternancia entre la presentación realista de las situaciones y la utilización de la parodia en función de la transgresión al realismo, especialmente a su ingenua pretensión de transparencia, objetividad y mimetismo. Pero en este caso la parodia alcanza también a los códigos del melodrama a partir de la escenificación de una telenovela venezolana y de la superficialidad deliberada de personajes y situaciones.

La obra instaura un doble espacio de representación, una ficción que se descentra y se multiplica recurriendo, por un lado, al lenguaje propiamente teatral, y por otro, a la creación de un dispositivo cinematográfico, no sólo por cuanto se utiliza un video y una pantalla ubicada en la retroescena, sino también porque se recurre a procedimientos dramáticos, narrativos y actorales propios del código del cine. Se trata de reflexionar explícitamente acerca del acto creativo -"somos la única especie capaz de imaginar lo que no ocurre", reza el programa de mano- y, por lo tanto, sobre la relación entre arte y vida.

La construcción fragmentaria del acontecimiento, la alteración de la lógica de causa- efecto, la superposición de pasado y presente, la amplia dosis de ambigüedad, la escenificación de teorías filosóficas y científicas con fines estéticos y lúdicos, la desmesura de las situaciones escénicas y el efecto humorístico que esto produce son otros procedimientos de *La paranoia* que propician la

---

drea Garrote, Mónica Raiola, Pablo Seijo, Rafael Spregelburd, Alberto Suárez/ **Música**: Nicolás Varchausky/ Iluminación: Esteban Lahuerta, Rafael Spregelburd./ Vestuario: Julieta Álvarez/ **Dirección audiovisual**: "El delirio de los acontecimientos": Ignacio Masllorens, Agustín Mendilaharzu, Juan Schnitman. Teatro 25 de Mayo, 2008

multiplicidad de puntos de vista e interpretaciones, puesto que eluden el didactismo y dejan al espectador la tarea de determinar los posibles sentidos

El caso de *Nunca estuviste tan adorable*[8] (2004), de Javier Daulte, aparece como un claro ejemplo de la utilización del cine como intertexto de la obra teatral.

La pieza presenta importantes niveles de intertextualidad: por un lado -en lo que al teatro argentino se refiere- con *Así es la vida* (1934), de Arnaldo Malffatti y Nicolás de la Llanderas, texto fundamental en la historia de nuestra dramaturgia y, por otro lado y desde diversas perspectivas, con el cine hollywoodense clásico. Entre estas relaciones debemos mencionar el diálogo que entabla, a modo de homenaje, con el film norteamericano *You were never lovelier*, de 1942, dirigido por William Seiter, que se estrenara en nuestro país con el título de *Bailando nace el amor*. De este modo, a partir de una serie de guiños intertextuales, el título de la pieza funciona como un aglutinador sémico que condensa todo un abanico de referencias cruzadas y homenajes, más fácilmente decodificados cuanta mayor competencia cinematográfica posea el espectador.

El círculo se completa con la versión fílmica de la obra de Daulte, con dirección de Mausi Martínez, que mantiene el mismo título -*Nunca estuviste tan adorable*- y, por lo tanto, multiplica las alusiones metadiscursivas, incorporando

---

[8] *Nunca estuviste tan adorable*. (2004) **Dramaturgia y Dirección:** Javier Daulte/ Actuación: Guillermo Arengo. Mirta Busnelli, Luciano Cáceres. Lorena Forte, María Onetto, Lucrecia Oviedo, William Prociuk/ **Escenografía:** Alicia Leloutre/ **Vestuario**: Mariana Polski/ **Iluminación**: Gonzalo Córdova/ Teatro Sarmiento, 2004.

esta vez, como en una caja china, la referencia a la propia pieza teatral. El film retoma el homenaje al cine clásico presente en la obra y, si bien mantiene su carácter teatral, le añade elementos particulares del universo cinematográfico: entre ellos una fotografía grisácea que remite a la estética de los films de la década del 50, y una serie de desencuadres, primeros planos y movimiento de la cámara que desestructuran la puesta en escena.

Tanto la pieza teatral de Daulte como su homónima cinematográfica obedecen a una construcción tradicional de la historia. Como es sabido, la narración clásica demarca claramente sus escenas según un criterio de linealidad narrativa y de unidad de espacio, acción y tiempo, que responde, en este caso, a lo que David Bordwell define como una "duración coherentemente intermitente". Según Bordwell, en el Modelo de Representación Institucional hollywoodense "… la causalidad es el principio unificador. Las analogías entre personajes, escenarios y situaciones están ciertamente presentes pero, en el nivel denotativo, cualquier paralelismo se subordina al movimiento de causa y efecto". (1997: 157).

Por otro lado, tanto en la película como en la obra, la trama avanza a partir de una narración de carácter omnisciente y altamente comunicativa. El relato posee las características de un flashback clásico por cuanto está motivado por los recuerdos de un personaje. Sin embargo, se presenta aquí la particularidad de la existencia de un segundo narrador omnisciente -en el caso de la película, es la cámara-. Así, reforzando el efecto de verosimilitud, la historia se desarrolla en un contexto supuestamente objetivo en el cual se anclan los planos subjetivos -el punto de vista- del personaje protagónico.

En la obra teatral la relación con el lenguaje cinematográfico se hace evidente también en la dimensión imaginaria y fantasiosa aportada por un televisor, que encarna la posibilidad de acceder a otros mundos, alterando la rutina. La programación televisiva reproduce, en un nuevo gesto metalingüístico, distintas escenas de un musical hollywoodense y lleva al receptor a repetir la ceremonia del espectador de cine.

En la primera parte, los personajes son mayormente positivos -más allá de algunos rasgos contradictorios, definidos a partir de los conflictos entre ellos- y expresan, de modo directo y llano, sus sentimientos. Y aquí, inevitablemente, puede percibirse una primera crítica subyacente, indirecta y sutil -pero no por eso menos despiadada- a la sociedad actual, que ha perdido de vista concepciones sentimentales y morales que, en otras épocas, aparecían como bases esenciales sobre las cuales se construía el entramado social.

Todos los signos escénicos están organizados a partir de una productiva mezcla de elementos provenientes del universo del tango, el género melodramático (entre ellos la coincidencia abusiva, la emotividad desbordada, la intensificación de los vínculos madre-hijo, esposa-esposo, amiga-amiga- y la comedia blanca hollywoodense) especialmente en lo que se refiere a la idealización del amor, las escenas brillantes e idílicas, las alusiones al cine de teléfonos blancos, las clausuras institucionales-. Todos estos elementos están al servicio de la descripción de los ritos de la vida familiar, pero también de la evidenciación de las grietas: el desamparo, la sobreprotección, la mentira y el ocultamiento como mecanismos de defensa, esgrimidos por los integrantes de un clan que se esfuerza por mantener, hacia el exterior, una imagen familiar positiva.

Los personajes y las situaciones se encuentran atravesados por la desmesura pero, a diferencia del melodrama, asistimos aquí a una inversión de roles que desdibuja la imagen paterna y el exceso de poder que tradicionalmente encarna, para engrandecer la figura materna y el rol de la mujer. En ese sentido, luego de definir al melodrama como producto de tres conjuntos de determinaciones -formales, sociales y psíquicos- David Rodowick (2007: 36) expresa:

> En la intersección de lo social y lo psíquico, la figuración de la autoridad patriarcal juego un papel central. (…). Como el eje en el que gira la estructura del conflicto, es un sistema de poder en términos del cual se mide la lógica y el orden de las representaciones de las relaciones sociales. Asi que la figuración de la autoridad patriarcal en un texto dado formulará los términos del conflicto a través de la perpetuación de una serie de divisiones y oposiciones simbólicas que organizan la narración alrededor del problema de la identidad individual, tanto social como sexual.

Si, como decíamos, en este caso el eje estructurador es la figura femenina -una madre dominante que organiza los vínculos familiares y maneja los hilos de los conflictos- Salvador, el padre, se presenta como el antihéroe. En este sentido se dejan entrever los mecanismos tiránicos que Blanca ha establecido con sus hijos, y que de algún modo atentan contra la capacidad de decisión de su marido, quien trabaja a un ritmo frenético para mantener el nivel de vida de su familia. Así, se señala la contradicción entre la ley (encarnada aquí por la autoridad matriarcal) y el deseo individual. Mientras que, desde la retórica del exceso -característica del melodrama- la narración refuerza su carácter omnisciente, para enfatizar la comunicabilidad a partir de giros irónicos y patéticos de los que los personajes no son conscientes.

La concepción de *pièce bien faite*, con un desarrollo dramático tradicional, conduce la trama hacia un *happy end* que, si bien clausura el relato, deja abiertos varios conflictos a nivel de la historia. Aún cuando esos conflictos -que se presentan como un factor de identificación para el espectador- no alcancen para anular una idea de la familia como parte de nuestra identidad, como un núcleo social en el que es posible establecer lazos positivos asociados con el afecto y la comprensión. La idealización de las relaciones familiares -y, eventualmente, de los vínculos amistosos, que aparecen equiparados con los lazos sanguíneos- se pone en evidencia en la ausencia de dobles intenciones, en la idea de amparo que supone el núcleo familiar, en la honestidad y franqueza de la relación con el otro. A partir de la elevación, casi al grado de lo sublime, del tiempo pasado -que obedece a los recuerdos y emociones del personaje focalizador del relato- se construye también la imagen nostálgica del típico barrio porteño antes de la globalización, y de valores hoy desaparecidos o en franca decadencia.

Pero cuando, hacia el final de la trama, estalla el peor de los conflictos, se presenta otro quiebre en el relato que deja vislumbrar un grado de violencia contenida y reprimida en la primera parte, y pone automáticamente en crisis los conceptos que la puesta había canalizado tras una imagen de orden, paz y armonía. En el instante en que la tragedia se manifiesta a través del suicidio de Marta, amiga y vecina de la familia, que había sido testigo -al igual que el espectador- del desorden subyacente en los vínculos, aparecen también subrayados, en una operación de paralelismo y oposición, la crisis existencial del resto de los personajes.

En ese sentido, el trayecto gradual, lineal y directo que va desde el bienestar y la armonía de la familia hacia la decadencia y los estragos que el paso del tiempo producen en cada uno, se vincula directamente con la vida social, signada en nuestro país por las crisis económicas y políticas. Sin embargo, y de acuerdo con la armonización escénica que se propone, en el final se resuelven los conflictos o, al menos, se plantea una visión esperanzada sobre la posibilidad de hallar una salida. Esta idea se manifiesta, a nivel formal, en la espectacularización de los signos desde un intertexto revisteril y cinematográfico: música romántica estridente, ambientación lujosa y la presencia simbólica de una escalera que ocupa el centro de la escena y por la cual descienden los personajes, suntuosamente vestidos.

La poética del Grupo Teatro Libre, dirigido por Omar Pacheco -otro ejemplo al que nos referiremos dentro de esta vertiente-, se conforma a partir de elementos de la antropología teatral amalgamados con procedimientos propios de otras disciplinas: el cine y la danza, que no se encuentran únicamente al servicio del teatro sino que configuran su propia dramaturgia dentro de la escena.

Las puestas que el grupo presenta en la década del 2000 profundizan las constantes estilísticas y filosóficas que los caracterizara desde sus orígenes. En efecto, *Del Otro lado del mar* [9](2005) y *La cuna vacía*[10] (2006) ostentan un lenguaje poético, no narrativo, en tanto plasmación de un mundo onírico, basado en un particular uso de la música y los sonidos y en imágenes de una aterradora belleza plástica.

Ese mismo matiz poético se identifica en la utilización de la luz en función de la desmaterialización del espacio, conformando una verdadera "dramaturgia lumínica" a partir de la producción de diversos efectos, como el agrandamiento de los cuerpos o su aparición/ desaparición frente al espectador. En este sentido, Pacheco recurre a una de las constantes que más acabadamente definen su escritura escénica: el "espacio lumínico", configurado por un uso cinematográfico de la iluminación, que construye una multiplicidad de espacios irreales y onírico, no habituales en el teatro.

Asimismo, la valoración lumínica del campo escénico, la alternancia entre "plano" y "contraplano", los cambios de ritmo, los efectos de zoom y el desvanecimiento de la imagen dan cuenta de una poética espectacular de una gran potencia sensorial. El espectáculo se emparenta también con la danza en cuanto a la precisión, casi coreográfica, de las partituras

---

[9] *Del otro lado del mar.* **Autor y Director**: Omar Pacheco/ **Actuación:** Mariana Agüero, Fernando Blanco, Adrián Chait, Malena Colella, María Facal, María Fernanda González, Enrique Lardo, Romina Lugano, Javier Molinas, Victoria Pedrozo/ **Iluminación:** Carolina Ghigliazza/ *Vestuario*: Romina Azzigoto/ **Música**: Juan Bernabé y Miguel Rausch/ La Otra Orilla, 2005

[10] *La cuna vacía.* **Autor y Director**: Omar Pacheco/ **Actuación:** Samnata Iozzo, Valentín Mederos, Agustina Miguel, Emilia Romero, Zulma Serrano, Daniela Valls, Hernán Alegre, María Fernanda Catullo, María Centurión, Ivana Clará/ **Diseño de luces**: Omar Pacheco/ **Música**: Gerardo Gardelín, Rodolfo Mederos/ Centro Cultural de la Cooperación, 2006.

físicas de los actores y al desarrollo de las posibilidades del cuerpo como núcleo escénico, en su descomposición/ resignificación.

Las puestas de Pacheco responden a una estructura formal definida por un juego de ritmos y melodías y por la alternancia de diferentes tipos de energía, que vincula al espectáculo con la idea de un "teatro sagrado" (Peter Brook), claramente diferenciado del mundo real. La noción de teatro como ámbito sagrado fue anticipada por Artaud cuando destacaba, entre los rasgos de un "teatro eficaz", su capacidad de evocar lo invisible por medio de los signos escénicos, de alcanzar "lo no manifiesto a través de lo manifiesto." (Artaud, 2002: 28).

Por otro lado, la versión que presenta Daniel Veronese de *Un tranvía llamado deseo* (2011), dialoga constantemente con la versión cinematográfica de la pieza. La acción comienza *in media res*, eludiendo la primera secuencia de la película de Elia Kazan, en la que el espectador asistía a la llegada de Blanche desde Laurel a New Orleans y que permitía realizar una presentación gradual del personaje y sus conflictos, a la vez que funcionaba como prólogo de la historia. En la primera escena de la versión de Veronese, en cambio, la entrada de Eunice -vecina del matrimonio compuesto por Stanley Kowalski y Stella Dubois- preanuncia, y a la vez retarda, la llegada de Blanche, que será el verdadero sujeto del drama. Los cánones del Modelo de Representación Institucional, vigentes en el cine industrial de Hollywood en el momento en que Kazan dirige la película, requerían una estructura dramática aristotélica cuya introducción debía ser gradual, no sólo en la presentación de la trama sino también en la planificación: de planos generales exteriores a planos más cercanos y cerrados en ambientes interiores. En la versión cinematográfica esto se corresponde con el descubrimiento del personaje de Blanche que, si en un principio aparece como una mujer tímida, insegura e indefensa, deja luego en evidencia una dependencia casi enfermiza de su hermana y de la aprobación de los demás, indicio de una incipiente locura que se irá afirmando a lo largo de la trama.

Como decíamos, tanto en el texto de Williams como en la versión de Veronese se soslaya esta transición para presentar al personaje de una manera más directa, aún manteniendo su ambivalencia que queda plasmada en el signo del alcohol, como emblema del desequilibrio y la decadencia de Blanche.

Otro índice que anuncia la evolución del personaje es su inmediata apropiación del espacio, paralelamente a la dominación y la manipulación que intenta ejercer sobre el resto de los personajes a través de la mentira, la fabulación y los juegos de seducción.

Resulta interesante, en este punto, remitirnos también a la versión dancística que presentara Mauricio Wainrot de *Un tranvía llamada deseo* en el Teatro San Martín, en el 2000. Con el lenguaje corporal de la danza contemporánea, el director recupera elementos del imaginario teatral y construye la puesta a partir de ideas sugeridas y no explicitadas en el texto. Aún cuando no se utilizan palabras, el director recrea, a través del movimiento del cuerpo, ciertas situaciones dramáticas y las relaciones entre los personajes, realzando el clima del universo poético del autor norteamericano.

Un cambio importante en el trabajo de adaptación es la corporización de un personaje que Williams apenas menciona: Alan, el esposo de Blanche, que cobra tanta importancia en la puesta de Wainrot como Stanley Kovalski. Para el director, Kovalski, obrero polaco, representa los valores de una nación triunfadora en la segunda guerra mundial, mientras que Blanche encarna lo opuesto, es decir, la elegancia decadente de un mundo acabado. El espacio funciona como una totalidad orgánica y las situaciones se crean a partir de la luz, que también delimita los espacios: el manicomio, el prostíbulo y el departamento de Estela, su hermana.

Pero sin duda los elementos más notables en la adaptación de Wainrot son, en primer lugar, que su versión se inicia en el punto en que finaliza el texto dramático: cuando Blanche es trasladada al manicomio con una mordaza en la boca, lo cual condensa, además, la idea de que no serán las palabras las que comuniquen, sino el cuerpo y la danza, y aquí el segundo elemento notable de adaptación, vinculado con el género artístico. Este gesto implica también, simbólicamente, que Blanche ha perdido la noción de realidad y que vive en un mundo imaginario: el del sueño, los recuerdos y la locura. En este sentido, el director recurre al procedimiento de multiplicar al personaje: serán tres las bailarinas que encarnen el mismo papel, representando los distintos aspectos de una personalidad escindida. Y son justamente sus recuerdos y evocaciones distorsionadas los que remiten al texto de Williams, que funciona como pre- historia del relato escénico de Wainrot.

Teatro y poesía

En *Cortamosondulamos* (2002), la directora Inés Saavedra propone un homenaje a Silvina Ocampo a partir de la recreación de algunas situaciones de sus cuentos. Mabel y Marta son dos hermanas que trabajan en una peluquería de barrio. Mientras realizan sus tareas diarias comentan la vida de sus clientas y amigas, incorporando fragmentos de las poesías de Ocampo hilvanadas con parlamentos triviales. El nivel discrusivo, entonces, adquiere una entidad particular que oscila constantemente entre lo cotidiano y una dimensión literaturizada y poética, como cabellos que se entrelazan en la rutina de la peluquería. De esta manera, la directora aproxima dos universos aparentemente distantes entre sí creando un contrapunto entre lo banal, la cursilería, lo pedestre de la vida y el mundo imaginario de la poesía.

El mismo objetivo, aunque con distintas estrategias compositivas, se vislumbra en *Divagaciones*[11], la obra que Saavedra estrenara al año siguiente. La pieza retoma algunos tópicos estilísticos de *Cortamosondulamos*, entre ellos el homenaje a Silvina Ocampo, la recreación de su universo poético basándose, esta vez, en fragmentos de poesías de la autora, contadas por medio de palabras, música y sonidos.

Se representan diversos momentos de la vida personal y artística de la escritora. Uno de los rasgos distintivos

---

[11] *Cortamosondulamos*. **Autora y Directora**: Inés Saavedra/ **Actuación**: Fabiana Falcón, Erica Riva, María Marta Guitart y César Rojas/ La Maravillosa, 2002.
Divagaciones: **Autora y Directora**: Inés Saavedra/ **Actuación**: Diana Szeinblum, Martha Billorou, Inés Saavedra/ La Maravillosa, 2003.

entre ambos trabajos es que, en *Divagaciones*, la poesía de Ocampo cobra fundamental importancia y ocupa el primer plano dramático, recitada en voces de distintas actrices, lo cual relega a un segundo plano los otros signos de la representación. Así, las palabras adquieren protagonismo y son el principal vehículo expresivo y comunicativo, limitando la importancia del hilo narrativo y las situaciones teatrales.

En *Divagaciones* el mundo poético de Ocampo se evoca, como dijimos, por medio de distintas voces y, al mismo tiempo, desde el ámbito espacial. En efecto, si por un lado se recrean ambientes similares a los que Ocampo describe en sus textos - casonas antiguas con patios y parras, los vitrales de las ventanas, el piano, las habitaciones con techos altos y pisos de madera- se propone, por otro lado, un cambio constante en el punto de vista del espectador, que se corresponde con el cambio de voces y con los distintos mundos evocados en la poesía, generando la sensación de encontrarse en tiempos y espacios diferentes. Se configura en este sentido una verdadera dramaturgia del espacio que recrea la atmósfera de ese universo poético, al tiempo que se da cauce a la sensación de inadecuación con el mundo, típica de los personajes de Ocampo. Luego de recorrer algunos rincones de la casa, el espectador se ubica en el patio central, al que dan las habitaciones. Desde allí, accede a una visión parcial y esporádica de ciertos ambientes (el vestíbulo, el invernadero y especialmente el dormitorio, donde se halla la violoncelista). El recorrido visual, sutilmente guiado por el relato, puede asociarse con las imágenes de un sueño, sugeridas por el espacio real y, al mismo tiempo, por la poesía. El sonido, tanto accidental -el canto de los pájaros- como la música en vivo, refuerza la atmósfera evocadora y emocional del mundo ficcional.

En ambas piezas se retoman sutilmente las constantes temáticas que recorren la obra de la autora: el amor, la soledad, la espera, la devoción por los animales, los días felices de la infancia, la naturaleza, la nostalgia, las relaciones humanas, los miedos y las inseguridades, la muerte. Se mantiene, asimismo, un recurso compositivo que caracterizara su poética: el realismo aparente -basado en la precisión de los detalles, en la exactitud del lenguaje y en las descripciones de objetos y situaciones de la vida cotidiana- deja lugar repentinamente a lo absurdo y lo fantástico. La realidad se transforma entonces en un terreno resbaladizo, irreconocible, inasible. Así, el mundo y sus certezas muestran su otra cara, no siempre siniestra pero siempre fantasiosa, absurda o maravillosa. Las puestas de Saavedra logran condensar este pasaje de lo concreto de la vida cotidiana al mundo imaginario de la autora, a sus vivencias y sus emociones, a su modo personal de vincularse con el mundo.

Rosa brillando[12], (2010) de Vanesa Maja y Juan Parodi, es una evocación del universo literario de Marosa Di Giorgio, escritora uruguaya que ha trascendido las fronteras de su país para convertirse en una de las más grandes poetisas latinoamericanas contemporáneas.

Cada detalle contribuye a crear una atmósfera mágica

---

[12] *Rosa Brillando* **Textos**: Marosa Di Giorgio/ **Dramaturgia**: Vanesa Maja y Juan Parodi/ **Actuación**: Vanesa Maja/ **Música**: Gonzalo Gamallo/ **Dirección**: Juan Parodi/ Querida Elena, 2010.

de la que surgen las imágenes de su poesía, vinculadas con el mundo de la infancia, sus aromas, colores y sabores, la casa de los abuelos, el jardín, los juegos que marcaron definitivamente la vida de cada uno. Pero ¿cómo recrear ese mundo a través de la escena sin traicionarlo? Sólo es posible hacerlo con un lenguaje escénico que recorra esa misma sensorialidad y esa belleza plástica. La narradora canta, ilustra el relato sobre la pared, se conmueve y conmueve cuando recupera, de un modo físico, casi palpable, los sueños perdidos.

La música juega un papel fundamental, por cuanto conserva por momentos una cierta autonomía con respecto al resto de los signos escénicos, mientras que sus silencios no hacen más que resaltar la musicalidad de la poesía de Di Giorgio. En este sentido, contribuye a reforzar esos mundos virtuales sugeridos por las palabras, al tiempo que transporta al espectador a un universo ajeno, en el que sin embargo resuenan ecos de la propia infancia.

Como expresión de un teatro de cámara, intimista, en el que se limitan los medios de expresión y se renuncia a los golpes de efecto, la escritura escénica aparece depurada, concentrada en sus conflictos esenciales. A partir de una concepción escénica minimalista (un espacio despojado, una actriz-narradora y un músico), *Rosa brillando* pone en primer plano la dimensión poética y sensorial de una ceremonia teatral para pocos invitados. En este sentido, el escenario se define como una prolongación de la conciencia del actor, y el espectador se ve involucrado en una comunicación directa, en la que se siente interpelando emotivamente, confrontado con su propia interioridad.

El espacio (*Querida Elena*, una antigua casa en La Boca), no sólo se convierte en el marco ideal para esta experiencia artística, sino que también pincela la ficción, la rediseña. La ceremonia previa del té y el budín con que se invita a los espectadores en el patio de la casa apunta a interrumpir los lazos con el ámbito cotidiano para sumergirnos en un mundo de aromas, colores, música, luces y sombras proyectadas. En cada uno de estos elementos, y en la sensualidad de un cuerpo en movimiento que expresa su propia poesía, aparecen en plenitud el poder de sugestión y de seducción propios del teatro, como parte de un arte vivo.

Teatro - música - danza

La música merece un párrafo aparte por cuanto, como vimos en los ejemplos analizados, cobra una gran importancia en la significación y en la simbolización de la escena. En los años que nos ocupan y en los posteriores, la música ha adquirido cada vez más peso en el trabajo de puesta en escena, tanto si se trata de música grabada como ejecutada en escena por músicos en vivo. Tradicionalmente ha funcionado como índice espacial, temporal, social y emocional, cuyas funciones eran ilustrar, subrayar o enfatizar la situación dramática, crear contrapuntos o bien reemplazar a otros signos escénicos. Actualmente la música y las canciones poseen una mayor pregnancia, convirtiéndose por momentos en el signo más destacado, que condensa sentidos esenciales de la puesta en escena. La música deja de ser una disciplina auxiliar para alcanzar una cierta carnadura y corporeidad hasta generar, en algunos casos, su propia dramaturgia. Su función más destacada es, sin duda, su capacidad de reforzar la dimensión sensorial del teatro, generando distintas emociones y sensaciones.

Dejando de lado el teatro musical, que constituye un género aparte, puede decirse en cambio que la incorporación de la danza a las puestas en escena no es un hecho tan asiduo. De las obras que mencionamos anteriormente, *Titulares...* es una de las pocas excepciones, por cuanto se incorporan a la puesta números musicales. En estos casos, los elementos provenientes de la danza funcionan de manera relativamente autónoma, inscribiendo en el espacio su propio código de expresión, produciendo la ruptura de la dégesis e, inevitablemente, un efecto de distanciamiento.

Al igual que el teatro, la danza actual ha modificado la relación entre el bailarín y el espectador, que establecen una comunicación más directa. Los procedimientos dancísticos se integran a la trama únicamente cuando están justificados dramáticamente -como sucede, por ejemplo, en *Nunca estuviste tan adorable,* en la escena en que los personajes bailan un vals en el contexto de una fiesta familiar-. Sin embargo, como decíamos, los elementos dancísticos que se incorporan a las piezas teatrales adquieren un carácter predominantemente autorreferencial y se regodean en su capacidad lúdica.

Digamos, intentando sintetizar en unas pocas ideas este capítulo, que el cambio en la manera de comunicarse, la percepción múltiple, la incorporación de la tecnología, la heterogeneidad, la fragmentación y la velocidad como condiciones de la vida actual, de la sociedad posmoderna y de su cultura, son características que se imprimen definitivamente en el arte escénico.

Los nuevos medios y modos de comunicación y sus múltiples efectos de transversalidad han transformado definitivamente la naturaleza y la función de la cultura, lo cual, como es obvio, se hace extensivo a todos los objetos estéticos y los medios artísticos.

La realidad ficcionalizada

Como señala Andreas Huyssen, una impronta innegable de los tiempos posmodernos es el auge de la escritura de memorias y confesiones, de la autobiografía y de la novela histórica posmoderna "con su inestable negociación entre el hecho y la ficción, la difusión de la memoria en las artes visuales (y teatrales) y el aumento del documental histórico." (Huyssen, 2002, 18).

Se verifica, asimismo, una intensificación de la dimensión autorreferencial característica de una cultura que tiende a volcarse sobre sí misma y a designar, como su contenido, sus propias producciones culturales. (Jameson, 1999: 30).

En línea con esta voluntad de autoexhibición y de reflexión sobre el propio yo en relación con el mundo, el teatro muestra sus convenciones, y va más allá aún al centrarse en lo cotidiano, en la realidad fragmentada, en las identidades en crisis y en constante reconstrucción, no ya para echar luz sino para indagar en esa "otra ficción" que es el mundo objetivo. En este sentido, el cruce entre teatro y documental se propone explorar diversos modos de acercamiento a lo real. Haciendo extensiva al teatro la definición de "cine documental" de Javier Campo (2012), puede decirse que el género busca indagar en la realidad para representar historias particulares y colectivas, planteando discursos sociales que se constituyan en archivo y memoria de las culturas y de la sociedad.

En nuestro campo teatral de la década del 2000 una serie de obras exploran zonas particulares de lo cotidiano, biografías de gente común o el impacto de problemáticas sociales y crisis políticas en las vidas privadas de la gente.

En *Mi vida después*,[1] de Lola Arias, los personajes/ actores, nacidos en la década del 70 y principios de los 80, reconstruyen la juventud de sus padres y representan escenas de sus vidas a partir de algunas de sus pertenencias y materiales de archivo, tratando de reconstruir el pasado como modo de catarsis, de canalización de un trauma personal e histórico. Como todas las piezas de esta tendencia, *Mi vida después* transita por los bordes de la ficción y la realidad, en este caso a partir del encuentro entre dos generaciones -una presente en escena y otra evocada- y del cruce entre la historia de un país y la historia privada.

Otros ejemplos de esta tendencia son tres ciclos ideados y dirigidos por Vivi Tellas: *Proyecto Museos* (1995- 2001), *Biodrama* (2002- 2009) y *Archivos* (2003- 2008), que conforman un tríptico, por cuanto, si bien se trata de ciclos autónomos, constituyen una totalidad orgánica atravesada por ejes semánticos similares y por los mismos intereses artísticos. Las obras que integran los ciclos presentan diversos entrecruzamientos entre biografías reales y ficcionalizaciones, entre testimonios y memorias, entre lo periodístico y lo anecdótico. Los tres tenían en común un proceso de trabajo similar, basado en la experimentación y la investigación de la vida de personas anónimas y en el carácter autorreferencial del objeto artístico.

---

[1] *Mi vida después*. **Autora y Directora**: Lola Arias/ **Actuación:** Blas Arrese Igor, Liza Casullo, Carla Crespo, Vanina Falco, Pablo Lugones, Mariano y Moreno Speratti/ **Escenografía**: Ariel Vaccaro/ **Música**: Ulises Conti/ Iluminación: Gonzalo Córdova/ Vestuario: Jazmín Berakha/ Teatro Sarmiento, 2009.

En el contexto de *Proyecto Museos* se estrenaron las siguientes puestas en escena: *Museo Miguel Ángel Boezzio* de Federico León; *La desilusión* de Alejandro Tantanian, presentada en el Museo de armas de la Nación; *Todo crinado* de Beatriz Catani, en el Museo Criollo de los Corrales y *La víspera* de Luciano Suardi, en el Museo Tecnológico. Todas ellas tenían como propósito potenciar la teatralidad propia de los museos y, del mismo modo, la manera en que los teatros incorporan elementos estéticos y funcionales de esos ámbitos institucionales.

Si, en el caso del ciclo recién mencionado, el museo aparecía como paradigma de la cultura contemporánea en tanto articulador del entretenimiento y la memoria histórica, el ciclo *Archivos* respondía a un formato que la directora definía como teatro- documental. Las obras estaban protagonizadas por intérpretes no profesionales, cuyas biografías constituían las bases dramatúrgicas de los espectáculos. En los años que nos ocupan se presentaron: *Mi mamá y mi tía* (2003), *Tres filósofos con bigotes* (2004), *Cozarinsky y su médico* (2005), *Escuela de conducción* (2006), *Disc Jockey* (2008), *Mujeres Guía* (2008).

Beatriz Trastoy destaca el "carácter *autorrepresentado*" del material, en tanto la vida real de las personas es narrada en escena por los propios involucrados: "el matiz autobiográfico pone en juego los límites entre persona y personaje, entre identidad estable y sujeto cambiante y fragmentario, entre memoria y olvido, entre introspección y exhibición, entre ficción y realidad." (Trastoy, 2008: 9).[2]

[2] *Trastoy, Beatriz,* 2008, *El teatro, entre lo público y lo privado. Proyecto Museos- Biodrama-* Archivos. Espacios. Facultad de Filosofía y Letras, n 39, noviembre.

En este sentido, en los programas de mano de estas piezas se reforzaba la idea de retratar las vivencias de hombres y mujeres comunes, registradas en "archivos domésticos". Así, podía leerse: "Acerca de la pregunta inicial de este apartado sobre quiénes son (o quiénes pueden ser) sujetos de estos archivos escénicos, una respuesta posible sería: cualquiera. Todos actuamos a veces, todos tenemos historias graciosas o trágicas que compartir, todos podríamos -con la guía adecuada- subir a escena a hacer teatro."

Biodrama: Sobre la vida de las personas respondía a un trabajo de experimentación escénica, para el cual se convocaba a un dramaturgo y a un director con la consigna de explorar la dimensión biográfica de una persona viva. Una vez más, los directores debían realizar un trabajo de investigación documental y establecer vínculos directos y personales con los sujetos protagónicos.

Algunas de las piezas que formaron parte de *Biodrama* fueron: *Barrocos retratos de una papa* (2002, Analía Couceyro), *Temperley* (2002, Alejandro Tantanian y Luciano Suardi), *Los ocho de julio* (2002, Beatriz Catani y Mariano Pensoti), *El aire alrededor* (2003, Mariana Obersztein), *La forma que se despliega* (2003, Daniel Veronese), *¡Sentate!* (Stefan Kaegi), *Nunca estuviste tan adorable* (2004, Javier Daulte), Squash (2005, Edgardo Cozarinsky), *El niño en cuestión* (2005, Ciro Zorzoli), *Budín inglés* (2006, Mariana Chaud), *Salir lastimado (post)* (2006, Gustavo Tarrío), *Fetiche* (2007, Muscari), *Deus ex Machina* (2007, Santiago Gobernori), *Mi vida después* (2009, Lola Arias).

Si bien cada puesta tuvo una escritura escénica singular y sus propias características estilísticas que la hacían completamente diferente una de otra, poseían ciertos rasgos en común: además del eje biográfico, la narración transmedia y el desdibujamiento constante de las fronteras entre ficción y realidad en el ejercicio mismo de la construcción y deconstrucción de los fragmentos biográficos. En una sociedad espectacularizada (Debord), en la que se han perdido los límites entre lo público y lo privado, el teatro, en un movimiento inverso, hace de esos fragmentos de vida privada un objeto estético.

En los programas de mano podía leerse la siguiente pregunta, vinculada con la problemática planteada en los tres proyectos, y que funcionaba como un disparador, tanto para los creadores como para los espectadores: "En un mundo descartable, ¿qué valor tiene nuestras vidas, nuestras experiencias, nuestro tiempo? ¿Es posible un teatro documental testimonial?"

La utilización de las tecnologías mediáticas supone "un borramiento de los límites que separan los paisajes realistas de los ficticios." (Appadurai, 2001: 49). Estos "paisajes mediáticos", como los denomina Appadurai, "proveen un gigantesco y complejo repertorio de imágenes, narraciones y paisajes étnicos, donde el mundo de mercancías culturales, el mundo de las noticias y el mundo de la política se encuentran profundamente mezclados." (2001: 49). En este tipo de relato expansivo la historia se despliega a través de múltiples medios y soportes, que generan percepciones múltiples, simultáneas, superpuestas, dando cuenta de la explosión de nuevas experiencias de comunicación descentralizadas que obligan a los consumidores a asumir un rol activo, más allá del lugar de testigo definido para el espectador implícito.

Por otro lado, la dimensión autorreferencial y la metateatralidad -que supone la conciencia de la enunciación- son también una constante estilística y semántica de todas las piezas que forman parte del ciclo. Los ejemplos que mencionamos a continuación buscan ilustrar las distintas perspectivas de abordaje de las biografías y la relación que, en cada caso, se establece entre realidad y ficción, cuyas lábiles fronteras se redefinen constantemente.

Barrocos retratos de una papa[3], la primera experiencia del *Biodrama* se basó en la vida de Mildred Burton, artista plástica argentina cuyas obras innovadoras cuestionaban, desde diversas perspectivas, los modelos establecidos.

El planteo de una espacialización dinámica y la inclusión del lenguaje multimediático se plasma aquí en la articulación de una serie de ambientes, cada uno representando una etapa de la vida de la protagonista, organizados en un dispositivo de dos pisos superpuestos. Mediante una narración no cronológica se nos conduce a recorrer el mundo de Mildred niña, adolescente y adulta, sus rutinas, sus juegos, sus amigos, sus amores. La inclusión del espacio del espectador dentro del mismo escenario da cuenta también de un cierto carácter de experimentación, contrastante con el de las prácticas ortodoxas.

Una obra como *¡Sentate!*, de Kaegi, involucró a cinco personas completamente ajenas al ámbito teatral y a sus respectivas mascotas (perros, tortugas, conejos y una

---

[3] *Barrocos retratos de una papa*. Creación Colectiva/ **Actuación**: Mirta Bogdasarian, Javier Lorenzo, Susana Pampín/ Música: Adriana Irigoyen/ Iluminación: Alejandro Le Roux / **Vestuario**: Gabriela Fernández/ **Dirección**: Analía Couceyro/ Teatro Sarmiento, 2002.

iguana). Los participantes cuentan anécdotas acerca de sus experiencias con animales. La representación escénica se ilustra con extractos de documentales sobre fauna silvestre, fragmentos de la película King Kong y el testimonio de dos especialistas en comportamiento y "psiquismo" animal

Por su parte, *Nunca estuviste tan adorable*, de Daulte, pone en escena la historia de la familia del propio autor y director, y se halla estructurada en dos momentos diferentes: los años 50, cuando Blanca decide casarse con Salvador, propietario de un próspero taller mecánico, aspirando a dejar definitivamente atrás la pobreza de su infancia en el barrio de Barracas. Y la segunda parte, que transcurre en la década del 70, indaga en las actitudes afectivas y los comportamientos disfuncionales de la familia, exponente de la clase media argentina de la época.

La espacialización, del mismo modo que la escenografía, los objetos y el vestuario apuntan a reconstruir la época de la ficción, al tiempo que funcionan como índices ambientales, recreando la atmósfera y la estructura de sentimiento de esos años. De este modo, el tópico de la familia como un ámbito de comprensión, contención y amor inmaculado es profundizado por los signos escénicos que confluyen en la generación de una atmósfera nostálgica omnipresente, principal factor de identificación emotiva del espectador. Por otro lado, el relato en primera persona, que da la pauta del compromiso emocional del autor- director, contribuye a enfatizar esa identificación, en tanto permite reconocer, en la historia narrada, la propia infancia, los juegos infantiles y los sueños de la adolescencia.

Otra producción del Ciclo Biodrama, *Budín Inglés sobre*

cuatro lectores porteños[4], de Mariana Chaud, se interna en las vivencias que genera el ejercicio de la lectura. La directora partió de la experiencia personal de cuatro lectores, aún cuando se aclara en el programa de mano que las formas de opinión, composición, parentesco y relación de los personajes responde a una construcción ficcional.

El espacio se estructura en dos ambientes aparentemente separados: el living y el dormitorio de la vivienda, por el que se insinúa una extra escena. Ambos espacios se diferencian en el dispositivo escénico mediante una presencia profusa de libros. La obra se inicia con el ingreso al departamento de dos personajes que llevan en sus manos un *budín inglés* para compartir durante la espera. De este modo, el libro y la lectura operan en la obra como índices de *alimento cultural*. Las conversaciones de los personajes evocan y articulan obras literarias, autores y referentes, apelando al universo cultural de los espectadores. Las lecturas indican además el estatuto de cada personaje y contribuyen a determinar su personalidad, sus vínculos, su forma de vida.

Por su parte, *El pasado es un animal grotesco* de Mariano Pensotti[5], parte de una idea rectora: la identidad como construcción narrativa, la idea de que "somos lo que narramos".

---

[4] *Budín inglés sobre cuatro lectores porteños*. **Autora y Directora**: Mariana Chaud/ **Actuación**: Santiago Gobernori, Esteban Lamothe, Laura López Moyano, Marta Lubos, Elvira Onetto / **Vestuario**: Cecilia Allassia/ **Escenografía**: Ariel Vaccaro/ **Iluminación**: Matías Sendón/ Música: Gabriel Barredo. / Teatro Sarmiento, 2010.

[5] *El pasado es un animal grotesco*, 2010. **Autor y Director:** Mariano Pensotti/ **Actuación:** Pilar Gamboa, Santiago Gobernori: Javer Lorenzo, María Inés Sancerni/ **Vestuario y Escenografía:** Mariana Tirantte/ **Iluminación:** Matías Sendón/ **Música:** Diego Vainer/ Teatro Sarmiento, 2010.

La puesta transita sobre un dispositivo escénico ideado por Mariana Tirantte: un disco circular giratorio de siete metros de diámetro dividido en cuatro partes iguales. En cada uno de esos compartimentos se irán desarrollando las breves escenas, de manera que el espectador posee una visión total de la escena a la que se enfrenta y visiones parciales de la que acaba de ver y de la que verá a continuación. Detrás de ésta, en el cuadrante que queda oculto, será donde se realicen los cambios de escenografías y personajes. La fragmentación de la narración está determinada entonces por esta espacialización -que cobra un peso fundamental en la dramaturgia- y también por la duplicidad de los roles. En efecto, el sistema de personajes está basado en la idea de dobles -de otros personajes o bien de objetos personificados-.

Las referencias al contexto socio- histórico son múltiples y refuerzan la idea de una ficción permeable a la realidad: desde alusiones a la crisis argentina de 2001 y a la crisis mundial iniciada en 2008 hasta reflexiones acerca de la globalización, metaforizada escénicamente por medio de la calesita.

Como sabemos, una tendencia cada vez más significativa de la práctica teatral consiste en no separar el proceso creativo de la escenificación. Por lo tanto, el espectáculo no se conforma con contar una historia sino que reflexiona sobre el modo de producción y los códigos teatrales. Además de este carácter autorreflexivo, en las puestas mencionadas se integra también una dimensión biográfica, sobre la que se estructura el relato. La realidad, como material inestable y marginal, se convierte entonces en objeto estético. En este sentido, las puestas transitan en el límite entre persona y personaje, en algunos casos en el mínimo umbral de ficción y, a la inversa, juegan con la ficcionalización de la realidad, enfatizando su carácter artificial y codificado.

Y es en este "teatro posdramático" en el que se produce un "desplazamiento de la noción de teatro desde la obra al acontecimiento, que se convierte en multidimensional, espacio- temporal y audiovisual", que es también el lugar "de la concurrencia real, donde sucede una singular intersección entre la vida organizada estéticamente y la vida real" (Lehmann, 2013: 28), el espectador, como consumidor activo, debe reapropiarse y re- significar tanto la ficción como la realidad. En este sentido se deja entrever desde un comienzo la concepción del espectáculo como *acontecimiento*, como hecho inacabado que, en tanto fenómeno vivo, se construye en la interacción de los actores entre sí y *con* el espectador.

Política, memoria, identidad

A la hora de hacer frente a la crisis, la creatividad no fue un rasgo restrictivo del campo artístico, sino que se verificó también en distintos ámbitos de la esfera social, en las manifestaciones populares y en el gesto mismo de apoyo a toda actividad cultural. Y ello por cuanto existía la certeza de que "el arte, o mejor dicho, las iniciativas que se vinculaban de diversas formas a la creatividad, contribuían a gestar un clima de imaginación activa en la búsqueda de salidas a la crisis." (Giunta, 2009: 19).

Desde su práctica y su filosofía, el teatro lucha contra la tendencia, de raigambre posmoderna, a relegar lo más rápidamente posible en el pasado las experiencias históricas recientes. De allí su ardua tarea de reconstrucción permanente de la memoria, individual y colectiva. Y, en tanto no puede escapar a su tiempo, aún sin proponerse dar cuenta de un modo directo del contexto inmediato éste aparece, no ya únicamente en el nivel semántico, sino también a través de procedimientos compositivos, modos de construcción estética y estrategias de lecturas. Como afirma Eduardo Grüner a propósito de esto:

> Toda obra de arte es esencialmente política por cuanto pone en juego la lucha por y contra el poder y las hegemonías en la esfera de los simbólico- ideológico, y lo es no tanto en el sentido de los 'contenidos' más o menos 'politizados' -que por sí mismos,

ya se sabe, no garantizan nada- sino en el sentido de la conciencia de que existe siempre una tensión irreductible entre el 'adentro' y el 'afuera' de los 'textos' estéticos y culturales. (Grüner, 1999: 68).

En este mismo sentido, sostiene Gustavo Geirola:

> El teatro, pues, es un término que remite a prácticas de producción teatral (permítasenos por un momento la tautología) determinadas por discursos 'culturales' concretamente ubicados en períodos históricos definidos; cada uno de estos discursos lleva a que el término 'teatro' sostenga o se sostenga en algún tipo de *relación* que puede ser formalizable y fundar de ese modo un discurso teatral capaz de operar, en tanto tal, como una ideología (incluimos la ciencia), interviniendo en el decurso de las transformaciones sociales y la lucha de clases. (Geirola, 2000: 38).

Durante los años que nos ocupan el teatro abordó, de distintos modos, las problemáticas sociales y políticas inmediatas y la herencia del pasado reciente, y produjo su propio discurso crítico, articulado en múltiples voces. Recordando la imperiosa necesidad de mantener viva la memoria, cuestionando los discursos culturales hegemónicos o reflexionando sobre referentes políticos y sociales concretos, la escena de los años 2000- 2010 ha establecido diversas relaciones, diálogos e intertextos con la esfera política y social.

La reconstrucción de la memoria

La recuperación de la memoria, el recuerdo y el testimonio se ha convertido en un requerimiento vital luego de la más cruenta dictadura militar argentina, que diera comienzo el 24 de marzo de 1976. Las profundas heridas, individuales y colectivas, y los traumas psicológicos acarreados dieron lugar a innumerables hechos artísticos y culturales, no sólo en los primeros años de democracia y en la década del 90 -aunque en un evidente menor grado-, sino especialmente a partir de 2003, debido a un contexto que reivindicaba las políticas de derechos humanos. Como paradigmas de una enorme cantidad de acontecimientos teatrales que respondían al mismo afán de repensar la historia y convertir al teatro en un instrumento de indagación social y política, puede aludirse a las poéticas de dos autores fundamentales de nuestro teatro: Griselda Gambaro y Eduardo Pavlovsky, a un ciclo como *Teatro por la Identidad* y a una gran cantidad de puestas particulares, entre ellas *Mi vida después* de Lola Arias, *Del otro lado del mar* o *La cuna vacía*, de Omar Pacheco.

Las piezas que Griselda Gambaro escribiera en los primeros años de la década del 2000 fueron concebidas en consonancia con el estruendoso derrumbe, durante el período delarruísta, de la confianza en la política y del sueño de transparencia institucional. En esos años la autora profundiza algunas constantes estilísticas desarrolladas en fases anteriores y plantea un aspecto novedoso en su dramaturgia: la focalización en el ámbito privado del individuo, lo cual no supone, ciertamente, el abandono de la crítica social, por el contrario, ésta aparece de forma indirecta y acaso por ello de un modo más efectivo:

> La producción dramática más reciente de Griselda Gambaro (....) abre una nueva dimensión en el ámbito de sus elecciones temáticas, pues si bien la problemática de la perversión del poder sigue presente, de manera latente o explícita, sus textos indexan, a partir de la década del 90, una nueva isotopía predominante: la de la concreción de los sueños e ilusiones, pero en contraposición con la realidad empírica, es decir, dentro de un espacio fantasmático. (Tarantuviez, 2007: 115)

Si en obras anteriores los tópicos del poder y la opresión constituían los móviles que impulsaba el accionar de los personajes, estos temas aparecen luego únicamente como telón de fondo, mientras que las problemáticas particulares, las relaciones interpersonales, los sueños y ambiciones individuales y los conflictos de conciencia pasan a ocupar el primer plano. Si hasta ese momento el adversario estaba claramente identificado, en estos años se torna ambiguo, difícil de delinear, asociado más bien con los propios miedos e inseguridades. Por último, cobra fuerza en esta etapa la necesidad de superar el autoengaño y de enfrentarse con la verdad. Así, el sueño como realidad alternativa ante la crueldad de la vida cotidiana -tópico que signara los períodos anteriores de su dramaturgia- dejan paso a la asunción de la realidad.

Lo que va dictando el sueño (2000), *Mi querida* (2001), *Pedir demasiado* (2001), *La Señora Macbeth* (2004) y *La persistencia* (2007) son piezas que resultan representativas de las diversas etapas que ha transitado la sociedad argentina.

Como señalamos, estos textos proponen una serie de

cambios con respecto a los anteriores. Uno de ellos es la concentración en la vida privada de los personajes, quienes conducen el relato desde su propia subjetividad. La crítica a la realidad sociopolítica queda entonces relegada a un segundo plano, lo cual, lejos de reducir su eficacia, potencia su poder corrosivo. Este desplazamiento del punto de vista puede ser leído en estrecha relación con la serie social: solamente una vez que han sido superados los peores momentos de la crisis, la sociedad argentina se encuentra lo suficientemente madura como para plantear temas aparentemente menores, sin que ello suponga la evasión. Por otro lado, en las piezas de este período los "monstruos" ya no pertenecen al afuera, puesto que cada personaje tiene su lado oscuro, sus frustraciones y sus miserias. Ejemplo de esto es el extenso monólogo femenino de *Mi querida* en el que la protagonista, imposibilitada de reconocerse como sujeto, termina animalizándose. Olga señala *"... mientras se me caían las lágrimas de los ojos cerrados, oí mi voz ronroneando como mi gata Briska, a la que ya no echaba..."*. De este modo, la autora da cuenta brutalmente de los riesgos implícitos en la negación de la realidad, como una clara advertencia a la sociedad de su tiempo. En *Pedir demasiado* Mario se constituye como su propio oponente, en tanto su autocompasión lo conduce al aniquilamiento: *"Cuando ella me dejó, no sólo grité. Enflaquecí, bebí de más. No como esta noche, mucho más. Sin placer, por abandono, quizá despecho. También pensé en acostarme sobre las vías del tren como quien va a dormir la siesta, quedarme ahí, quietito..."* No son los opresores de otrora los que conducen a la muerte sino la imposibilidad de hallar una salida ante una realidad hostil que, por primera vez, los personajes han tenido el valor de enfrentar.

Como su título lo indica, *Lo que va dictando el sueño* versa sobre el rol que ha tenido, en la vida de los protagonistas, la dimensión de irrealidad en la que eligieron internarse para sobrevivir. En el desolado derrotero de sus vidas, Ana y el Viejo han encontrado, como único recurso para soportar la asfixia de su soledad y sus frustraciones, la posibilidad de aferrarse a sueños lejanos a su mundo. Del mismo modo que en *De profesión maternal,* sólo cuando logran asumir su realidad y entender que tal soledad sólo puede enfrentarse desde la tangible presencia de un otro, se abre el camino a un futuro esperanzador. En este sentido, resulta interesante detenernos en las didascalias finales de la pieza, en las que se insiste sobre una recurrente visión onírica de Ana -mástiles y velas de un velero a través de la ventana-, ya que éstas demuestran que la propuesta de Gambaro, lejos de empujarnos a dejar de soñar, le otorga a los sueños la entidad y el espacio que deben poseer, que no es por cierto el de sustitución de la realidad.

Como el paso que sigue a la asunción de una verdad dolorosa reside en la posibilidad de nombrarla, otro aspecto que se desprende de la producción de esta etapa es el develamiento de la palabra. La nueva focalización en el aspecto verbal se erige así como una estrategia para el reconocimiento. Nuevamente, el paralelo con la necesidad colectiva de llamar a las cosas por su nombre, se torna evidente. En oposición al afán de la dirigencia política de disfrazar, desde el discurso, la realidad argentina, comienza a celebrarse la entidad de una palabra que ya no parece empeñarse en relativizar la gravedad de nuestro presente y que, justamente por eso, resulta esperanzadora. (Heredia- Díaz, 2004).

En las obras de este período, entonces, la posibilidad de futuro sólo logra configurarse a partir de la nueva facultad de los personajes de *decir*, a tal punto que aquellos que se encuentran incapacitados de ver y, en consecuencia, de hablar de sus tragedias personales -Olga en *Mi querida* y Mario en *Pedir demasiado*-, culminan en la autoaniquilación.

Del mismo modo en que los personajes deben asumir un proceso de autocrítica y concientización que los conducirá a la verdad, el camino introspectivo sugerido en estas piezas nos interroga acerca de nuestra propia responsabilidad como sujetos y, por extensión, como sociedad. En este sentido, dirá Olga en *Falta de modestia*: *"Yo recibí la vida como una camisa demasiado estrecha para mis deseos. Y ahora, que estoy aquí, me pregunto cómo no me di cuenta de que ésa era la vida. No mi sueño de una cuna con lazos y moños, sábanas finas, sino esa cuna sobre la que debió inclinarse mi madre (...). Debió hacerlo muchas veces, pero nunca la vi porque sentía vergüenza de su rostro ancho, sus manos toscas. No supe tragarme las lágrimas de desilusión para mirarla. (....) Ahora, cuando salga, trataré de ver el día como es. ¿Por qué pretendí tanto?"*

Así, el reconocimiento del enemigo en nuestros propios fantasmas, la renuncia a la dimensión engañosa de los sueños y la recuperación de la palabra resultan tópicos entrelazados, capaces de construir una red que, en lugar de apresarnos, sea capaz de liberarnos.

Si las piezas de Gambaro de la década del 2000 se

constituyen en metáforas de la realidad social del momento, creemos que la potencia política del teatro de Eduardo Pavlovsky se desprende básicamente de la centralidad del cuerpo del actor por sobre el resto de los signos escénicos, de su importancia como constructor de sentidos y como materia expresiva y sensitiva. A lo largo del tiempo, su teatro ha afirmado, de un modo cada vez más acentuado, esta primacía. Sus puestas buscan recrear el texto a partir del trabajo actoral y la escritura escénica, demostrando que la incorporación de la palabra no atenta contra el trabajo experimental con los otros lenguajes de la escena.

Como sostiene De Marinis (2004)[1], el redescubrimiento teatral del cuerpo, desde la segunda mitad del siglo XX, se basó en dos aspectos fundamentales: la presencia física del actor en la base del hecho escénico y la promoción del cuerpo a la categoría de un medio de expresión artística fundamental, utilizado a partir de una concepción diversa a la vigente hasta ese momento. Pavlovsky aparece como paradigma de este nuevo actor, que obviamente no se reduce a la pura idea de fisicidad, sino que concierne a la integridad cuerpo- mente.

En la década del '60, la dramaturgia de Pavlovsky se constituyó a partir de apropiaciones productivas del absurdo nihilista europeo, moduladas por la ideología comunicacional del psicodrama, que tenía por objetivo la toma de conciencia de la incomunicación, la violencia, el sinsentido de las relaciones y las instituciones sociales. (Pellettieri, 1997).

La fase de intercambio de procedimientos (1976- 1983)

---

[1] Las citas a Marco De Marinis (2004) no aluden a un texto en particular, sino al seminario *Teoría del actor: Re- pensar al actor: Del nacimiento del teatro profesional a la revolución del siglo XX,* dictado en la Facultad de Filosofía y Letras, de la Universidad de Buenos Aires en agosto de 2004.

señaló la disolución de la neovanguardia en el realismo crítico, concretada a partir de la incorporación de procedimientos de éste último y, especialmente, de la inclusión de una tesis. Este desplazamiento hacia el realismo "aparecía como una clara respuesta a los reclamos estéticos e ideológicos de un público que quería ver su historia y su presente representados en escena." (Lusnich, 2002: 155)[2]. A partir de la aclaración de la metáfora y de un discurso alusivo más o menos directo, Pavlovsky establecía, en los textos de esa etapa, una distancia crítica con respecto al autoritarismo del gobierno militar, al tiempo que cuestionaba fuertemente las estructuras autoritarias subyacentes en la sociedad.

Desde el retorno de la democracia su producción dramática tiende, cada vez más, hacia el realismo crítico a partir de la utilización de procedimientos como el desarrollo dramático coherente, el encuentro personal, los niveles de prehistoria, la diferenciación de los sujetos dramáticos, la presencia de personajes referenciales. A estos rasgos realistas se suman otros teatralistas, de diversas procedencias, especialmente de la textualidad de Harold Pinter: la construcción de mundos cerrados y claustrofóbicos, la extraescena realista amenazante, la ambigüedad y la alternancia de roles, el desdoblamiento de personajes, el personaje desenmascarador.

La muerte de Marguerite Duras[3] (2000), escrita y protagonizada por Pavlovsky, condensa la mayoría de las constantes estilísticas y semánticas que venimos

---

[2] Lusnich, Ana Laura, 2002. "La dramaturgia de Eduardo Pavlovsky (1990-2000)". *Revista de Estudios Teatrales*. Madrid (35- 43).

[3] *La muerte de Marguerite Duras*, de Eduardo Pavlovsky, se estrenó en julio de 2000 en el Teatro Babilonia, con la interpretación de Pavlovsky, bajo la dirección de Daniel Veronese.

mencionando. La obra surgió del montaje de fragmentos textuales de diversa procedencia (algunos de ellos de otras obras de su autoría: *El cardenal, Poroto* y *Textos balbuceantes*). Se trata de un texto fragmentario y con situaciones independientes, que no concluyen ni ofrecen un sentido final, lo que permite una mayor autonomía de acción, movimiento y ritmo al trabajo escénico. A nivel semántico, la apertura del texto se justifica porque el personaje reflexiona sobre sus propias experiencias y su historia personal, y expone sus recuerdos y vivencias a partir del ejercicio imperfecto de la memoria. Se trata, como señala Pavlovsky en el programa de mano, de "la historia de un hombre a través de fragmentos." Su relato se encuentra, además, atravesado por otras voces, por experiencias que corresponden a otros sujetos. El texto carece completamente de didascalias y omite deliberadamente signos de puntuación (salvo el uso de los puntos suspensivos y guiones) para favorecer la libertad de elecciones del actor en la interpretación del personaje. (Dubatti, 2000). En la obra aparecen los tópicos habituales del teatro de Pavlovsky: la lucha contra el vacío, el deporte como dignificación del hombre, el angustiante paso del tiempo, la imposibilidad de la comprensión total de los fenómenos históricos, la violencia y la represión, la experiencia del dolor, la conciencia de la pérdida, la vejez y la muerte.

En *La muerte de Marguerite Duras*, Pavlovsky lleva al extremo la inducción física de la emoción, no sólo a nivel actoral sino también semántico, en tanto se convierte en un tema de reflexión del personaje. Su "teatro de estados", tal como él lo define, propicia la deconstrucción del texto con la finalidad de encontrar nuevos sentidos a partir de la escritura escénica. Se trata, según sus propias palabras, de "narrar una historia a partir de la sucesión de microestados actorales intensos. La propuesta consiste en concebir el teatro, no desde la psicología de los personajes, sino a través del cuerpo atravesado simultáneamente por muchas inscripciones: físicas, culturales, sociales, políticas, ideológicas." (Pavlovsky: 1999: 24). En este sentido, y tal como señala Jean Marie Pradier, el teatro es una percepción de cuerpos vivos, presentados para ser vistos en una situación no coactiva y seductora que induce a una percepción sensorial total. Pradier se refiere al "carácter biológico del fenómeno teatral" en el que "el cuerpo mismo, viviente, sexuado, emotivo, pensante, palpitante, despierto, móvil, se transforma en fuente, material médium y receptor del arte." (2002: 20).[4]

Como actor, Pavlovsky intenta explotar al máximo la polisemia de su propia escritura, para lo cual realiza una manipulación de los textos a partir de una "poesía escénica" que, de alguna manera, los cuestiona, los transgrede y los subvierte. Y esto sucede así debido al alto margen de improvisación previsto en sus espectáculos, que evita la cristalización de la palabra en forma definitiva. La voz y el lenguaje constituyen, en este contexto, instrumentos de exploración de las emociones, de lo conciente y lo inconsciente, de lo racional y lo irracional. Pavlovsky rescata

---

[4] Según Pradier, las prácticas espectaculares ilustran el aspecto holístico del comportamiento humano, en tanto los tipos de comportamientos sociales más elaborados incluyen siempre un componente de respuestas sensoriales y motrices (memoria corporal, movimientos involucrados en la actividad lingüística, etc.). (Pradier, 1997: 23).

el valor de la palabra como materialidad significante y, al mismo tiempo, como espacio de subjetividad y de encuentro con uno mismo y con el otro.

Por su parte, desde comienzos de la democracia se llevaron adelante distintos movimientos que, en el ámbito de la cultura y el arte, buscaban contribuir con la restitución de la identidad de los miles de desaparecidos de la dictadura. Una vez más, el arte demostraba su capacidad de revitalizar las acciones solidarias, de crear conciencia e incentivar la defensa de los derechos humanos.

En la esfera de las artes plásticas, por ejemplo, y con el fin de recuperar a los nietos de las Abuelas de Plaza de Mayo, nacidos en cautiverio y apropiados por el terrorismo de Estado, se realizaron diversas exposiciones, tanto en nuestro país como en el exterior. Entre ellas se presentó, en 2004, en Buenos Aires y en Berlín, la instalación *Identidad*, que contaba con una serie de fotografías de los desaparecidos a la edad aproximada que podrían tener sus hijos en el momento de la exposición. Entre las fotografías, junto a los datos biográficos, se instalaban espejos que multiplicaban las imágenes y reflejaban a quien visitaba la exposición, implicándolo en una red de visibilidad, toma de conciencia y compromiso.

A partir de 2001, se realizó también el ciclo *Teatro por la Identidad* y posteriormente *Música por la Identidad*, como canales de búsqueda de los hijos de desaparecidos. La indagación acerca de la propia identidad refleja el desasosiego de una sociedad lanzada a la ardua tarea de reconocerse y resurgir de los estragos que han dejado los años de represión y censura. Se invita al espectador a no olvidar los horrores de nuestra historia nacional, como condición indispensable para poder entender nuestro presente. Remedando en algunos aspectos al movimiento *Teatro Abierto* -comenzado en plena dictadura- *Teatro por la Identidad* reunió a un grupo de dramaturgos, actores, directores, murgueros, músicos, productores y escenógrafos que creaban sus puestas en función del objetivo propuesto.

El ciclo, que obtuvo un gran éxito de público, se constituye en una muestra del compromiso y la sensibilidad del teatro ante la realidad socio- política, como así también de su poder de difusión y concientización. Ya en 2001, primer año del proyecto, se consiguió restituir la identidad de más de setenta jóvenes, que se presentaron en la sede de Abuelas de Plaza de Mayo, dispuestos a indagar en su origen. Si en los primeros dos años las obras presentaban un escaso nivel de metaforización y un discurso directo, las piezas ganaron posteriormente en densidad temática y metafórica. Se trata, en este sentido, de llevar el conflicto al centro de la escena, de darle visibilidad y posibilidad de expresión, con el objetivo de recuperar la centralidad del teatro en el debate cultural.

En esta misma línea de un teatro comprometido con la realidad socio- política, una puesta como *Mi vida después* (2009), de Lola Arias -obra a la que nos referimos en el capítulo anterior- revisa nuestra historia reciente a partir de testimonios que recrean el drama personal de cada actor.

Arias pone en escena a personajes/ actores, hijos reales de los seres que evocan -desaparecidos durante la dictadura militar- que reconstruyen la juventud de sus padres a partir de fotos, ropa, relatos, recuerdos, libros, cartas, fragmentos de películas.

La ficción borra sus límites para confundirse cada vez más con la realidad, en tanto los útiles escénicos son los testimonios auténticos de la relación de esos hijos con sus padres. A propósito de esto puede leerse en el programa de mano del espectáculo: "Carla reconstruye las versiones sobre la muerte de su padre, que era guerrillero del ERP, Vanina vuelve a mirar las fotos de infancia tratando de entender qué hacía su padre como oficial de inteligencia. Blas se pone la sotana de su Padre- cura, antes de casarse con su madre. Mariano vuelve a escuchar las cintas grabadas que dejó su padre cuando era periodista y militaba en la juventud peronista. Pablo revive la vida de su padre como empleado de un banco intervenido por militares. Lisa actúa las circunstancias en que sus padres se exiliaron de Argentina. Vanina evoca a su padre policía, y se recuerda a si misa tratando de entender de dónde había venido su hermano si nunca había visto a su madre embarazada."

Teatro y peronismo

Otra modalidad en que el teatro asume, expresa y re-elabora las vicisitudes políticas en el teatro de la década del 2000 es la reflexión sobre un referente concreto que, desde su aparición, ha estado constantemente presente en nuestra historia: el peronismo, entendido como un fenómeno social y político que trasciende ampliamente la concepción partidista.

Luego de la crisis económica e institucional de 2001-2002, asistimos en nuestro país a la recuperación de la política como herramienta de debate y participación ciudadana.

Erigiéndose en protagonistas de la historia, el arte y la literatura asumen y re- significan los ecos de este proceso y sus transformaciones sociales. Ejemplo de ello es la gran cantidad de ensayos filosóficos, políticos e históricos publicados desde comienzos de la década, ya sea desde una perspectiva crítica o bien favorable al movimiento. En el mismo sentido, el teatro, el cine, la ópera y la danza recuperan las figuras de Juan Domingo Perón y de Eva Duarte. En el ámbito teatral porteño específicamente se registran una gran cantidad de obras que, a lo largo de la década aluden a dichas figuras o bien toman al peronismo como tópico. Pueden mencionarse, a modo de ejemplo, *Eva Perón en la hoguera* de Leónidas Lamborghini, *Nada del amor me produce envidia* y *¿Qué me has hecho vida mía?*, ambas de Santiago Loza, *Bastarda sin nombre,* de Cristina Escofet, *Yo elegí ser Evita*, de Marta Avellaneda, *Palo y a la bolsa*, de Carla Llopis, *Mi vida con Perón*, de Paula Lagos, *La Patria fría*, de Andrés Binetti y Mariano Saba, *No trates de ser Eva*, de Micaela Suárez y Marina Assereto, *Picnic 1955*, de Diego Kogan, *Inevitable. Pasión y muerte de Eva Perón*, de Carla Mitre, *Perón, el musical*, de Ricardo Ayas, *Un rubio peronista*, de Gustavo Berger o la reposición de *Eva y Victoria*, de Mónica Ottino, entre muchas otras.[5]

Convertido en un fenómeno cultural, el peronismo entraña sus propios modos de representar la realidad, de re- significar y articular el imaginario colectivo de los argentinos.

El actual resurgimiento de los estereotipos, positivos y negativos, creados en torno al peronismo dan cuenta de un

---

[5] Remitimos, para un análisis más detallado de algunas de las obras mencionadas a "Los estereotipos del peronismo en el teatro actual", de nuestro libro *Metáforas escénicas y discursos sociales. Reflexiones sobre el teatro en el debate cultural.* (Buenos Aires: Ricardo Vergara Ediciones), 2013.

orden social e ideológico que los pone de relieve y los revisa, celebrándolos o bien cuestionándolos en su dimensión mítica y popular. El peronismo aparece como origen y fuente inspiradora de esas representaciones y como resultado de una nueva construcción estética, ideológica y poética que la obra artística expone en una coyuntura histórica diversa.

Las piezas a las que hacíamos mención se apoyan en una dimensión histórica y se nutren del carácter social del peronismo. Por ello, un elemento común a todas es una fuerte extraescena realista, vinculada con el plano social, económico y político que aparece de diversos modos en escena, condicionando las vidas de sus protagonistas y polarizando la sociedad en peronistas y anti- peronistas. En este sentido las tesis realistas planteadas, aún en el contexto de poéticas no realistas, se vinculan con la creencia en un cambio posible, con la aspiración a una sociedad más justa, a la igualdad de derechos, a la movilidad y al progreso social. En ellas se apela al "pueblo" en tanto categoría cultural, como modo de expresión de una determinada concepción del mundo y de la vida, propia de las clases populares -aunque no exclusivamente- en contraposición con la de la aristocracia, asociada, en el imaginario peronista, con intereses foráneos.

Creemos que el factor más novedoso de esta revisión de los mitos del peronismo planteada desde el teatro porteño es, justamente, la intención de problematizar el concepto de lo popular, buscando restituir su complejidad y alejarlo del reduccionismo de esos estereotipos. La opacidad del concepto de "lo popular", que aparece como resultado de múltiples disputas y antagonismo históricos surge, en este caso, por medio de la deconstrucción de esas imágenes estereotipadas, que se ponen en evidencia en tanto construcciones culturales propias de un momento determinado de la historia, pero que adquieren hoy diferentes significados a la luz de nuevos contextos sociales y culturales. Acaso se trate de una cultura popular pensada desde la ambivalencia, tal como señalan Grignon y Passeron (1991): como el resultado del ejercicio del poder y la dominación pero también, y esencialmente, como una forma de resistencia, como un acto de apropiación del espacio ajeno y un modo de resignificar los sentidos instituidos.

Las piezas que, a lo largo de la década del 2000, abordan el fenómeno del peronismo se interesan también en la nueva vigencia de sus principios: la denuncia de problemáticas sociales, la resistencia de las clases altas a las reivindicaciones obreras, las políticas sociales de integración y redistribución de las riquezas.

La plasmación de lo social desde un lenguaje poético

En los años 2000, y a la luz de la crisis económica y sus consecuencias en todos los ámbitos de la vida institucional y política del país, se consolida en nuestro campo teatral una tendencia caracterizada por el cuestionamiento oblicuo al poder a partir de la utilización de artificios teatralistas, cuya finalidad era probar una tesis realista. Se trata de una tendencia de intertexto posmoderno, en general pesimista que, recurriendo a un lenguaje metafórico y poético, parodia las relaciones de poder a partir de un discurso irónico. Sostiene, en este sentido, Paul Ricoeur (2001: 32): "Las obras poéticas se refieren al mundo con un régimen referencial propio, el de la referencia metafórica. Los textos poéticos también hablan del mundo, aunque no lo hagan de un modo descriptivo."

Como importantes antecedentes de esta tendencia debemos mencionar *Cachetazo de campo* (1998) y *1500 metros sobre el nivel de Jack* (1999) ambas de Federico León. Estas piezas no apuntan a una representación mimética de la realidad, sino que proponen mundos herméticos, oscuros, poseedores de una propia lógica, pero recurren también a elementos hiperrealistas, como objetos reales, ámbitos cotidianos y la coincidencia del tiempo del relato con el tiempo de la historia. En *Mil quinientos metros sobre el nivel de Jack* los tópicos becketianos de la incomunicación, el vacío y el sinsentido forman parte de un programa político que intenta liberar al lenguaje teatral de sus ataduras. León deja abierta la posibilidad de establecer nuevos vínculos -tal como ocurre con sus personajes- rediseñando las normas que rigen el devenir escénico y renovando el "pacto social" entre teatristas y público. El tipo de actuación contenida, característica de sus puestas, da lugar a un "vaciamiento gestual capaz de operar como base de nuevos gestos, de nuevas acciones." (Rodríguez, 2000: 55)[6].

Entrando de lleno en la década que nos ocupa, en *La escuálida familia* (2001)[7], de Lola Arias, la resistencia

---

[6] Rodríguez, Martín, 1999. "Una estética de la desintegración. Aproximación a la producción dramática de Cappa, León y Bertuccio," en *Teatro de la desintegración. Bertuccio, Cappa, León.* Buenos Aires: Eudeba.

[7] *La escuálida familia.* **Dramaturgia y Dirección**: Lola Arias/ **Actuación**: Mariana Chaud, Laura López Moyano, Horacio Marassi, Emma Rivera, Lalo

aparece como un "elogio de la pobreza" (económica, cultural y lingüística), como una resignación a la condición marginal, tanto desde el interior del mundo ficcional como por parte de los hacedores del hecho escénico. La obra plantea la contraposición entre la trayectoria trágica y al mismo tiempo desdramatizada de los personajes, y una poética basada en la desmesura.

En tanto correlato estético de la crisis social, las piezas de León y de Arias ostentan, a nivel semántico, una visión pesimista, basada en la exposición del deterioro de las relaciones afectivas y solidarias, aludiendo, por extensión, a la crisis de valores por la que debió atravesar el país. En la pieza de Arias se presenta a la familia como un ámbito en el que se reproducen, a ínfima escala, las relaciones de poder. Se afirma a propósito de esto en el programa de mano: "La historia es siempre familiar. En toda la tragedia (de la Biblia a Grecia y a Shakespeare) la familia funciona como la metonimia del reino. Si el teatro es pura condensación y economía, en los roles de parentesco se exhiben todos los vericuetos del poder".

Otra forma de canalizar la crítica social y política desde un discurso metafórico puede verse, por ejemplo, en una puesta como *La omisión de la familia Coleman* (2005) de Claudio Tolcachir, en la que la familia aparece, nuevamente, como metáfora de la sociedad y sus conflictos. Creemos que la representación de los lazos familiares en el seno del teatro porteño de la década del 2000 no sólo examina las bases

Rotaveria/ **Escenografía:** Ariel Vaccaro/ **Iluminación:** Matías Sendón/ Música: Gabriel Barredo, Guillermo Jackson, Patricio Lutteral/ Centro Cultural Ricardo Rojas, 2001.

ideológicas presentes, a nivel sociológico y antropológico, en la institución familiar argentina y su imaginario, sino que entabla también un juego intertextual con piezas fundamentales de nuestra tradición teatral, con el objetivo de revisar- con una intención paródica, de homenaje o fuertemente cuestionadora- el modo en que tradicionalmente la escena argentina ha representado dichos vínculos.

La pieza reflexiona sobre una familia que se encuentra al límite de la disolución, aunque esta situación sea negada, o peor aún, ignorada por sus propios miembros. La rutina de la cotidianeidad y los problemas torna cada vez más difícil la convivencia, los roles aparecen entonces transgredidos y parodiados, desplazados de su función tradicional.

El sistema de personajes evidencia un abanico social típico de nuestros tiempos: sujetos debilitados e inestables, emergentes de una sociedad compleja y conflictiva. En este caso, la Abuela, que semánticamente representa el signo de unión familiar, intenta mantener su rol institucional, mientras que la madre representa al sujeto irreflexivo, escindido y consumista de la actualidad. Negadora y autocomplaciente, su acción es sumamente efectiva tanto al representar a la mujer desamparada como a su encarnación alegórica de lo corrupto. Por su parte, Marito, el hijo abusado, violento y psicótico compone una figura bisémica, desplegada en la dualidad expresiva de la víctima- victimario. Los mellizos, Gaby y Damián, recrean las duplas trabajador/ desocupado, honesto/ delincuente, distante/ comprometido, figuras que sintetizan el mundo de los jóvenes de hoy criados en tiempos del capitalismo tardío. Verónica, la hermana de Marito, funciona como su contracara, en tanto goza de las ventajas de una situación económica desahogada y no vive en la casa. Sin embargo, su independencia -que resguarda su intimidad y su cordura- se verá minada cuando sea arrastrada por el caos familiar.

En una obra posterior, *Tercer cuerpo* (2008), los núcleos sociales, afectivos y de trabajo aparecen también como muestras de los conflictos sociales. La trama se desarrolla en un ámbito de trabajo, en el que Sandra, Moni y Héctor, compañeros de trabajo, respiran el aire de seguridad ociosa de una burocracia decadente. En esa oficina los teléfonos no funcionan, los ascensores sufren desperfectos constantes, la luz se va debilitando, el desorden de papeles va ganando terreno. Todo ello confluye en un cambio de ambiente: de la aparente solidez y seguridad de la rutina laboral a una inestabilidad creciente, que deja al descubierto los miedos y miserias de los personajes, su debilidad y su soledad, que deriva en una total incapacidad de hacerse cargo de su destino.

Desde el aspecto verbal, los diálogos condensan una serie de lugares comunes del habla cotidiana, que apelan a la identificación. Se invita al espectador a inmiscuirse en un mundo en el que la rutina y la frivolidad no son más que una fachada que oculta una realidad caótica, rayana en lo siniestro, metáfora de un orden social injusto y burócrata.

Como sucede con otros dramaturgos que ingresan al campo teatral en la década del 90, se percibe en Tolcahir una voluntad reivindicadora de la fuerza política del teatro, centrada en la capacidad de expresión de las problemáticas sociales desde la potencia crítica y poética de la metáfora y la parodia.

Por su parte, *Los Murmullos* (2002)[8] de Luis Cano dirigida por Emilio García Wehbi, responde al concepto de obra inorgánica, es decir aquella que, lejos de producirse como una totalidad orgánica, está montada sobre una estructura de fragmentos. Las escenas, aparentemente sin una relación de continuidad entre sí, se articulan y se organizan por medio de un montaje que se evidencia como tal y que no pretende la recomposición de los fragmentos. Esta estructura halla su correlato estético en el trabajo discontinuo y en confrontación entre acción y texto, así como también en la constante interrupción de la acción y los cortes abruptos de las situaciones.

El principio constructivo más importante de esta pieza es la cita a una multiplicidad de discursos (históricos, políticos, sociales, textuales), dispuestos en un entramado en el que pierden su referencia y su contexto original de enunciación. El uso deconstructivo de la lengua, la cita y la desacralización paródica conforman una intertextualidad abierta que refuerza la idea de acumulación, saturación y desmesura en todos los niveles del espectáculo.

Otro procedimiento que responde a la poética de intertexto posmoderno es la autorreferencialidad, que García Wehbi utiliza aquí para aludir a los modos de creación del espectáculo, pero también al teatro en general. El carácter autorreferencial es llevado al extremo en el momento en que el dramaturgo dirige un discurso a los espectadores en el que

---

[8] *Los murmullos*. **Autor**: Luis Cano/ **Actuación**: Maricel Álvarez, Belén Blanco, Luis Cano, Martín Policastro, Alberto Suárez/ **Vestuario**: Mirta Liñeiro/ **Escenografía**: Norberto Laino/ **Iluminación**: Alejandro Le Roux/ Música: Abel Gilbert / **Dirección**: Emilio García Wehbi/ Teatro San Martín, 2002.

reflexiona sobre su oficio y su función en el teatro. *Los Murmullos* propone la búsqueda del sentido, no ya en el centro narrativo o en la historia que se cuenta, sino en la estructura formal y en los diferentes núcleos de construcción del espectáculo que multiplican, asimismo, los lugares de sentido.

Las obras de intertexto posmoderno tienen como característica común el hecho de ser fuertemente combativas: no hay en ellas nostalgia por el pasado sino que -por medio del procedimiento del final abierto y de la creación de amplias zonas de indeterminación-, exhiben las fisuras del discurso hegemónico (tanto teatral como político) y dejan entrever la idea de un nuevo orden posible.

Otra variante de la tendencia que apela a la memoria colectiva y construye una dimensión política desde la metáfora poética son las obras de Omar Pacheco y su Grupo Teatro Libre, cuyas obras más reconocidas en este período fueron *Del Otro lado del mar* (2005) y *La cuna vacía* (2006).

En su pretensión de concientizar al público acerca de la urgencia por recuperar nuestra memoria colectiva y nuestra identidad, los trabajos de este grupo asumen una actitud comprometida, lo cual, en esos años, aparecía como un imperativo en todo el campo intelectual. En *La cuna vacía* no se busca relatar hechos del pasado sino transmitir una vivencia profundamente emotiva y conmocionante desde la óptica de los allegados directos de las víctimas: la desaparición de personas, la represión y la tortura. El relato se muestra desligado de las convenciones narrativas, no sólo porque está compuesto por un entramado de potentes imágenes y sonidos que incorporan apenas unas pocas palabras (en la forma de exclamaciones y gritos), sino también porque, lejos de apelar al poder comunicativo de esas palabras, se las utiliza para enfatizar la expresión corporal del dolor psíquico y físico más profundo.

A nivel semántico, la pieza reflexiona sobre la desaparición de personas como una de las formas más despiadadas de aniquilamiento y destrucción de toda una sociedad. Su estructura dramática presenta tres planos narrativos: el primero de ellos, sin precisión temporal, es el de la pareja; el segundo, el de las Madres -personajes que aluden a las Madres de Plaza de Mayo-. Si bien este nivel narrativo se vincula de un modo directo con una situación histórica concreta, la intención de universalizar el dolor y la experiencia de la búsqueda de la verdad contribuyen a desdibujar esa marca temporal y su anclaje espacial. Mientras que el tercer nivel narrativo, que involucra al personaje del prestidigitador, constituye un plano simbólico que, por medio de procedimientos como la parodia, la caricaturización, el humor negro y la sátira funciona como una crítica mordaz al uso abusivo del poder en su máxima expresión.

La obra retoma las temáticas y las constantes estilísticas planteadas en su trilogía de la década del 90[9]. En ellas se reflexiona acerca del modo en que el control ejercido en la esfera pública durante la última dictadura argentina usurpa la vida privada: no queda, entonces, resquicio alguno dónde poder escapar ni intimidad que resguardar. El Estado

---

[9] Las piezas que componen la trilogía que el director y su grupo presentaran en la década del 90 - *Memoria, Cinco Puertas* y *Cautiverio*- y que aparecen como antecedentes de estas piezas (tanto a nivel estético como temático).

totalitario arrebata, no únicamente el poder político, sino también la totalidad de la vida social y la vida cotidiana del individuo. El horror penetra en las entrañas del ser humano, lo resquebraja. Por otro lado, en una "sociedad disciplinada" que ha llevado hasta el límite el perfeccionamiento de los mecanismos de sumisión y explotación es en ocasiones el propio individuo quien, atrapado en una red de la que no puede escapar, "reproduce por su cuenta las coacciones del poder; las hace jugar espontáneamente sobre sí mismo; inscribe en sí mismo la relación de poder en la cual juega simultáneamente los dos papeles; se convierte en el principio de su propio sometimiento." (Foucault, 2002: 206).

Pero el dolor no es sólo el del presente de los personajes que se esfuerzan por recordar/ revivir (*en* el cuerpo y *a través* del cuerpo), sino también el del pasado que retorna. Y aquí la clara alusión a la era del silencio: un silencio aterrorizado y cómplice, acaso irresponsable en el vasto arco intermedio constituido por el grueso de la sociedad. La reconstrucción del pasado implica también quitar a los opresores -que operan continuamente sobre el pasado para legitimar y justificar el presente- el patrimonio de la memoria. (Benjamin, 1999).

En efecto, los personajes- víctimas de las piezas de Pacheco recurren al grito o al silencio liberador. Así, el mutismo que metaforiza el sometimiento y la resignación de un pueblo forzado a aceptar la opresión se convierte en un signo irónico que, en definitiva, hace resonar con más potencia los subterráneos gritos de rebelión. El contrapunto generado entre las imágenes y las palabras constituye una apelación al espectador, sobre quien recae la incómoda responsabilidad de ver, de saber, de percibir detrás de la sombra de lo que no puede ser mostrado. En este sentido, a propósito del poder concientizador del teatro, expresa su director:

> Me interesa mostrar la forma en que una sociedad es organizada para cambiar la mentalidad de la gente, para ejercer la violencia e instalar el horror. Para lograr que un país calle y sea humillado. Hay un paralelo con nuestra historia posterior a la dictadura, y una reivindicación del papel de la mujer, de su capacidad para callar, resistir y permanecer en la lucha. Dos intérpretes de nuestro grupo son hijos de desaparecidos, y me interesa relacionar lo que hacen hoy ellos con la experiencia de sus padres. (Pacheco: *Página 12*, 19-05-01).

En *Frente al límite,* Tzvetan Todorov discurre acerca del peligro que supone el olvido del pasado: "Ya no es el mismo combate el que se debe sostener, pero el combate no ha terminado, se produce en otro lugar, en la memoria, en el juicio que hacemos sobre el pasado, en las lecciones que sacamos de él." (1993: 36). La misma inquietud que subyace en la mayoría de las puestas en escena de Omar Pacheco, que transitan ese riego, trasladando con rigor poético la incomprensible crueldad de nuestra historia política.

Aún reconociendo las nuevas condiciones culturales y sociales, la caída de los grandes relatos y certezas, el *Teatro Libre* deja vislumbrar a través de sus producciones la creencia en un compromiso ideológico con la realidad de su tiempo y la confianza en la capacidad del teatro de detectar y desarticular las políticas de sometimiento. Se trata, en este caso, de incidir de un modo directo en la problemática de los desaparecidos y en las búsquedas de las Madres y las Abuelas de Plaza de Mayo.

El teatro asume, de este modo, una función profundamente afirmativa y hasta, en algún sentido, revolucionaria: la de entablar procesos vivos de comunicación que restituyan a los sujetos su capacidad de diseñar sus propias respuestas y sus propios juicios, al tiempo que subraya la necesidad del relato, del recuerdo, del testimonio, del imperativo de sobrevivir. Nuevamente es Todorov quien expresa, a propósito de los campos de concentración nazis y, por extensión, de todas las experiencias totalitarias (1993: 103):

> Los detenidos en los campos vivieron una experiencia extrema; es su deber ante la humanidad informar abiertamente acerca de lo que vieron y experimentaron, pues la verdad se enriquece incluso en la experiencia más horrible; sólo el olvido definitivo convoca a la desesperación. Desde el punto de vista ya no de uno mismo sino de la humanidad (...), una vida no es vivida en vano si queda de ella una señal, un relato que se añade a las innumerables historias que constituyen nuestra identidad, contribuyendo así, aunque sólo sea en una ínfima medida, a hacer de este mundo algo más armoniosos y perfecto. Tal es la paradoja de esta situación: los relatos del mal pueden producir el bien.

Bibliografía

AA.VV., 2000, *Teatro argentino del 2000*. O. Pellettieri (Ed). Buenos Aires: Galerna

Appadurai, Arjun, 2001, *La modernidad desbordada. Dimensiones culturales de la globalización*. México: Fondo de Cultura Económica.

Artaud, Antonin, 2002, *El teatro y s doble*. Buenos Aires: Retórica.

Barthes, Roland, 1986, *El placer del texto*. México: Siglo XXI

Bauman, Zygmunt, 2013, *La cultura en el mundo de la modernidad líquida*. Buenos Aires: Fondo de Cultura Económica

Benjamin, Walter, 1999, *Poesía y Capitalismo. Iluminaciones II*. Buenos Aires: Taurus

Boal, Augusto, 2001, *Teatro del Oprimido. Juego para actores y no actores*. Barcelona: Alba Editorial

Bordwell, David, 1997, *On the history film style*. Cambridge: Harvard University Press.

Brecht, Bertolt, 1983, *Escritos sobre teatro*. Buenos Aires: Nueva Visión.

Brustein, Robert, 1970, *De Ibsen a Genet: la rebelión en el teatro*. Buenos Aires: Troquel.

Burke, Peter, 2005, *Visto y no visto*. Barcelona: Crítica

Cabrera, Miguel Ángel, 2001, *Historia, lenguaje y teoría de la sociedad*. Madrid: Cátedra.

Campo, Javier, 2012, *Cine Documental Argentino. Entre el arte, la cultura y la política*. Buenos Aires: Imago Mundi.

Cruciani, Fabrizio -Clelia Falletti, 1992, *El teatro de calle. Técnica y manejo del espacio*. México: Gaceta.

De Marinis, Marco, 2000, *In cerca dell'attore. Un bilancio del Novecento teatrale*. Roma: Bulzoni Editore.

Díaz, Silvina- Adriana Libonati, 2013, *Metáforas escénicas y discursos sociales. Reflexiones sobre el teatro en el debate cultural*. Buenos Aires: Ricardo Vergara Ediciones.

Díaz, Silvina- Adriana Libonati, 2014, *Teatro en democracia. Innovación y compromiso social. La escena de los 80 en Buenos Aires*. Buenos Aires: Ricardo Vergara Ediciones.

Díaz, Silvina, 2009, "El teatro de José María Muscari: La estética de la desmesura", *Teatro. José María Muscari*. Col. Dramaturgia argentinas, J. Dubatti (dir). Buenos Aires: Colihue 269- 287

Díaz, Silvina, 2010, *El actor en el centro de la escena. De Artaud y Grotowski a la antropología teatral en Buenos Aires*. Buenos Aires: Corregidor.

Dubatti, Jorge, 2000, Estudio Preliminar, E. Pavlovsky, *Teatro completo. La muerte de Marguerite Duras, Poroto. Textos balbuceantes, El Cardenal*. Buenos Aires: Atuel

Dubatti, Jorge, 2007, *Filosofía del Teatro I. Convivio, experiencia, subjetividad*. Buenos Aires: Atuel.

Duvignaud, Jean, 1970, *Espectáculo y sociedad*. Caracas: Tiempo Nuevo.

Foucault, Michel, 2002, *Vigilar y castigar. Nacimiento de la prisión*. Buenos Aires: Siglo XXI.

Gambaro, Griselda, 2002, *Teatro*. Buenos Aires: Norma

García Canclini, Néstor, 1993, *Rehacer los pasaportes. El pensamiento visual en el debate sobre multiculturalidad*. Coloquio Internacional de Historia del Arte, Zacateca, septiembre.

Geirola, Gustavo, 2000, *Teatralidad y experiencia política en América Latina (1957-77)* Irvine: Gestos.

Giunta, Andrea, 2009, *Poscrisis. Arte argentino después de 2001*. Buenos Aires: Siglo XXI Editores.

Grignon, Claude y Jean- Claude Passeron, 1991, *Lo culto y lo popular. Miserabilismo y populismo en sociología y en literatura*. Buenos Aires: Nueva Visión.

Grüner, Eduardo, 1999. "¿Multiculturalismo o conflicto culturas?", *Teatro al sur* n°11. Buenos Aires: Artes del Sur (68/71).

Gumbrecht, Hans Ulrich, 1987, "Sociología y estética de la recepción", en AA.VV., *En busca del texto*. México: UNAM.

Halbwachs, Maurice, 1968, *La mèmoire collective*. Paris: PUF

Heredia, Florencia- Silvina Díaz, 2004, "Griselda Gambaro: De la denuncia al reconocimiento", en O. Pellettieri (dir). *Ficha de cátedra*. Facultad de Filosofía y Letras. Universidad de Buenos Aires.

Huyssen, Andreas, 2002, *El busca del futuro perdido. Cultura y memoria en tiempos de la globalización*. México: Fondo de Cultura Económica.

Jameson, Frederic, 1999, *El giro cultural*. Buenos Aires: Manantial.

Kartun, Mauricio, 2012, *Tríptico patronal. El niño argentino- Ala de criados. Salomè de chacra*. J. Dubatti (dir.). Buenos Aires: Atuel.

Lecat, Jean Guy, 2001, *Al encuentro de Buenos Aires. Un análisis de espacios teatrales de la ciudad*. Buenos Aires: Secretaría de Cultura de la Ciudad de Buenos Aires.

Lehmann, Hans- Thies, 2013, *Teatro posdramático*. México: Paso de gato.

Libonati, Adriana, 2009, "La realidad en primera plana", *Teatro XXI*, n28. Primavera

Libonati, Adriana, 2013, *Realidad y ficción. Escritos sobre cine y teatro*. Buenos Aires: Ricardo Vergara Ediciones.

Lipovetsky, Gilles- Jean Serroy, 2009, *La pantalla global. Cultura mediática y cine en la era hipermoderna*. Barcelona: Anagrama

Lyotard, Jean François, 1993, *Moralidades posmodernas*. Traducción de Agustín Izquierdo. Madrid: Tecnos

Míguez, Daniel, 2013, *Diez años. Una década de gobierno kirchnerista*. Buenos Aires: Planeta.

Modonesi, Massimo y Julián Rebón, 2011, "Introducción", en *Una década en movimiento. Luchas populares en América Latina en el amanecer del siglo XXI*. Buenos Aires: CLACSO.

Ortíz, Renato, 1996, *Otro territorio. Ensayos sobre el mundo contemporáneo*. Buenos Aires: Universidad Nacional de Quilmes.

Pavlovsky, Eduardo, 1999, *Micropolítica de la resistencia*. Buenos Aires: EUDEBA

Pellettieri, Osvaldo, 1997, *Una historia interrumpida. Teatro argentino Moderno (1949-1976)*, Buenos Aires: Galerna.

Pellettieri, Osvaldo,, 2001, "El teatro de resistencia- El caso de *Postales argentinas*", Historia del teatro argentino en Buenos Aires El teatro actual (1976- 1998). Volumen V. Buenos Ares: Galerna- Facultad de Filosofía y Letras. Universidad de Buenos Aires

Pradier, Jean- Marie, 1997, *La scène e la fabrique des corps. Ethnoéscenologie du spectacle vivant en Occident*. Bordeaux: Presses Universitaires de Bordeaux.

Proaño Gómez, Lola, 2013, *Teatro y Estética Comunitaria. Miradas desde la filosofía y la política*. Buenos Aires: Biblos.

Ricoeur, Paul, 2001, *La metáfora viva*. Madrid: Trotta

Rodowick, David, 2007, *The virtual life of film*. London: Harvard University Press.

Rosenzvaigh, Marcos, 2012, *Las artes que atraviesan el teatro. Las lecciones de 20 grandes maestros*. Buenos Aires: Capital Intelectual.

Scolari, Carlos, 2013, *Narrativas transmedia: cuando todos los medias cuentan*. Barcelona: Desuto.

Soto, Marita, 2014, *La puesta en escena de todos los días. Prácticas estéticas d ela vida cotidiana*. Buenos Aires: Eudeba

Svampa, Maristella, 2008, *Cambio de época. Movimientos sociales y poder político*. Buenos Aires: Siglo XXI.

Tarantuviez, Susana, 2007, *La escena del poder. El teatro de Griselda Gambaro*. Buenos Aires: Corregidor.

Todorov, Tzvetan, 2000, *Los abusos de la memoria*. Barcelona: Paidós.

Trastoy, Beatriz, 1990, "La oclusión de la palabra en Griselda Gambaro", en *Espacios de crítica e investigación teatral*. Año 4, n°6/7: 47-51.

Vattimo, Gianni, 1989, "El arte de la oscilación: de la utopía a la heterotopía", en *La sociedad transparente*. Barcelona: Paidós.

Índice

Prólogo por
Azucena Joffe- María de los Ángeles Sánz......5
Introducción.
Breve panorama de la década 2000 - 2010.......15
El espacio como categoría 'dramatùrgica'......25
El lenguaje colonizado por la escena......45
Re - lecturas y resignificaciones......61
Teatro y otras artes......85
La realidad ficcionalizada......115
Política, memoria, identidad......127
Bibliografía......157

Silvina Díaz - Adriana Libonati

METÁFORAS ESCÉNICAS y DISCURSOS SOCIALES

REFLEXIONES SOBRE EL TEATRO EN EL DEBATE CULTURAL

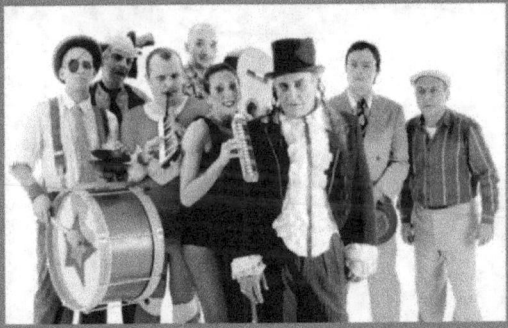

Ricardo Vergara
Ediciones

Silvina Díaz - Adriana Libonati

TEATRO EN DEMOCRACIA. INNOVACION Y COMPROMISO SOCIAL
La escena de los ochenta en Buenos Aires

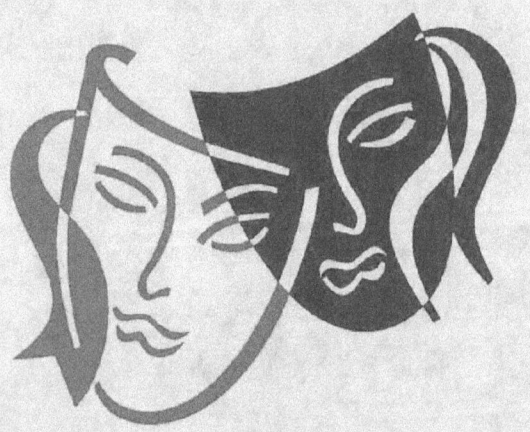

Teatro

Ricardo Vergara
Ediciones

www.ingramcontent.com/pod-product-compliance
Lightning Source LLC
Chambersburg PA
CBHW071500220526
45472CB00003B/867